# inglés
# express

## ¡hablarás inglés
## rápidamente!

# método acelerado

**AGUILAR**

# AGUILAR

Título original: INGLÉS EXPRESS
° 2011, TRIALTEA USA
PO BOX 45 44 02 Miami FL 33245-4402

De esta edición:
D.R. ° 2011, Santillana USA Publishing Company, Inc.
2023 NW 84th Avenue
Doral, FL 33122
Teléfono : 305-591-9522

Aguilar es un sello editorial del Grupo Santillana. Éstas son sus sedes:

**Argentina**
Av. Leandro N. Alem, 720
C1001AAP Buenos Aires
Tel. (54 11) 4119 50 00
Fax (54 11) 4912 74 40

**Bolivia**
Avda. Arce, 2333
La Paz
Tel. (591 2) 44 11 22
Fax (591 2) 44 22 08

**Colombia**
Calle 80, n°10-23
Bogotá
Tel. (57 1) 635 12 00
Fax (57 1) 236 93 82

**Costa Rica**
La Uruca
Del Edificio de Aviación Civil,
200 m al Oeste
San José de Costa Rica
Tel. (506) 220 42 42 y 220 47 70
Fax (506) 220 13 20

**Chile**
Dr. Aníbal Ariztía, 1444
Providencia
Santiago de Chile
Telf (56 2) 384 30 00
Fax (56 2) 384 30 60

**Ecuador**
Avda. Eloy Alfaro, N33-347 y
Avda. 6 de Diciembre
Quito
Tel. (593 2) 244 66 56 y 244 21 54
Fax (593 2) 244 87 91

**El Salvador**
Siemens, 51
Zona Industrial Santa Elena
Antiguo Cuscatlan - La Libertad
Tel. (503) 2 505 89 y 2 289 89 20
Fax (503) 2 278 60 66

**España**
Torrelaguna, 60
28043 Madrid
Tel. (34 91) 744 90 60
Fax (34 91) 744 92 24

**Estados Unidos**
2023 NW 84th Avenue
Doral, FL 33122
Tel. (1 305) 591 95 22 y 591 22 32
Fax (1 305) 591 74 73

**Guatemala**
7ª avenida, 11-11
Zona n° 9
Guatemala CA
Tel. (502) 24 29 43 00
Fax (502) 24 29 43 43

**Honduras**
Colonia Tepeyac Contigua a
Banco Cuscatlan - Boulevard
Juan Pablo,frente al Templo
Adventista 7° Día, Casa 1626
Tegucigalpa
Tel. (504) 239 98 84

**México**
Avda. Universidad, 767
Colonia del Valle
03100 México DF
Tel. (52 55) 54 20 75 30
Fax (52 55) 56 01 10 67

**Panamá**
Avda Juan Pablo II, n° 15.
Apartado Postal 863199, zona 7
Urbanización Industrial La
Locería
Ciudad de Panamá
Tel. (507) 260 09 45

**Paraguay**
Avda. Venezuela, 276
Entre Mariscal López y España
Asunción
Tel. y fax (595 21) 213 294 y
214 983

**Perú**
Avda. San Felipe, 731
Jesús María, Lima
Tel. (51 1) 218 10 14
Fax. (51 1) 463 39 86

**Puerto Rico**
Avenida Roosevelt, 1506
Guaynabo 00968
Puerto Rico
Tel. (1 787) 781 98 00
Fax (1 787) 782 61 49

**República Dominicana**
Juan Sánchez Ramírez, n° 9
Gazcue
Santo Domingo RD
Tel. (1809) 682 13 82 y 221 08 70
Fax (1809) 689 10 22

**Uruguay**
Constitución, 1889
11800 Montevideo
Uruguay
Tel. (598 2) 402 73 42 y 402 72 71
Fax (598 2) 401 51 86

**Venezuela**
Avda. Rómulo Gallegos
Edificio Zulia, 1°. Sector Monte
Cristo. Boleita Norte
Caracas
Tel. (58 212) 235 30 33
Fax (58 212) 239 10 51

Fotografía de cubierta:
° Tomasz Tulik | Dreamstime.com
Diseño Gráfico: Marina García

ISBN 978-1-61605-840-1

Edición: Agosto 2011

Impreso en U.S.A.

4

# índice

# índice

# índice

# índice

# unidades

# unidad 1

## PRONOMBRES PERSONALES SUJETO

Vamos a empezar por conocer los equivalentes en inglés de los pronombres personales sujeto, que son aquellos que realizan la acción.

| Singular | Plural |
|---|---|
| I yo | we nosotros/as |
| you tú, usted | you vosotros/as, ustedes |
| he él | |
| she ella | they ellos/as |
| it – | |

Recuerda

▶ «I» (yo) siempre se escribe en mayúscula.

▶ «You» se usa tanto en singular como en plural, para tratamientos informales (tú, vosotros/as), como formales (usted, ustedes).

▶ «It» se utiliza para referirnos a un animal, una cosa, un lugar, etc., es decir, no a personas, y no tiene equivalente en español.

▶ «They» (ellos/as) es la forma plural de «he», «she» e «it».

## PRESENTE DEL VERBO «TO BE» (FORMA AFIRMATIVA)

El verbo «to be» equivale a los verbos «ser» y «estar».

En presente, su forma afirmativa es:

| | |
|---|---|
| I am | yo soy, estoy |
| you are | tú eres, estás |
| | usted es, está |
| he is | él es, está |
| she is | ella es, está |
| it is | es, está |
| we are | nosotros/as somos, nosotros/as estamos |
| you are | vosotros/as sois, estáis ustedes son, están |
| they are | ellos/as son, están |

I am American. / Soy estadounidense.
You are at school. / Estás en la escuela.
He is Peter. / Él es Peter.
She is Mexican. / Ella es mexicana.
It is a dog. / Es un perro.
We are in Madrid. / Estamos en Madrid.
You are here. / Vosotros estáis aquí.
They are brothers. / Ellos son hermanos.

Como podemos ver en los ejemplos, los pronombres personales (I, you, he, etc.) siempre han de aparecer en la frase, aunque en español no aparezcan explícitamente.

11

## CONTRACCIONES

El presente del verbo «to be» se puede contraer con el sujeto. Para ello, se unen ambas palabras y la primera letra del verbo se sustituye por un apóstrofe.

I am = **I'm**
you are = **you're**
he is = **he's**
she is = **she's**
it is = **it's**
we are = **we're**
you are = **you're**
they are = **they're**

**I'm** Michael. / *Soy Michael.*
**It's** a car. / *Es un auto.*
**You're** a student. / *Eres estudiante.*
**We're** Spanish. / *Somos españoles.*
**He's** Argentinian. / *Él es argentino.*
**They 're** tall. / *Ellos son altos.*

La forma **«is»** también puede contraerse con el sujeto cuando éste es un nombre propio.

**John's** English = **John is** English
*John es inglés.*

## VOCABULARIO: SALUDOS (I) - *Greetings*

**Hello!** / *¡Hola!*
**Hi!** / *¡Hola!*
**How are you?** / *¿Cómo estás?*
**What's up?** / *¿Qué tal?*
**How are things?** / *¿Qué tal van las cosas?*
**How are you doing?** / *¿Cómo te va?*
**How are you getting on?** / *¿Qué tal?*

A estas preguntas se les puede responder con:

**Very well, thank you** / *Muy bien, gracias.*
**Fine, thank you** / *Bien, gracias.*
**Okay, thank you** / *Bien, gracias.*

Dependiendo de la parte del día cuando saludemos, también podemos usar:

**Good morning!** / *¡Buenos días!*
**Good afternoon!** / *¡Buenas tardes!*
**Good evening!** / *¡Buenas noches!*

# Ejercicios

**1.-** Completa con los pronombres correspondientes.

**a)** _____ am Tom.
**b)** _____ is Mary.

**2.-** Escribe las formas contraídas de:

**c)** He is _____
**d)** We are _____
**e)** Michael is _____
**f)** They are _____
**g)** I am _____
**h)** It is _____

**3.-** ¿Cómo se dice en inglés «¡Buenos días!»?

_____

_____

**4.-** Elige la respuesta correcta

How are you?

Well, please.
Good evening!
Fine, thank you.

# unidad 2
contenido

## PRESENTE DEL VERBO «TO BE»
## (FORMA INTERROGATIVA)

Para realizar preguntas con el verbo «to be» invertimos el orden del sujeto y el verbo.

| | |
|---|---|
| **Am I?** | **Are we?** |
| **Are you?** | **Are you?** |
| **Is he?** | |
| **Is she?** | **Are they?** |
| **Is it?** | |

**Am I** your teacher? / *¿Soy vuestro profesor?*

**Are you** Susan? / *¿Eres Susan?*

**Is he** French? / *¿Él es francés?*

**Is it** a dictionary? / *¿Es un diccionario?*

**Are we** in the USA? / *¿Estamos en los EEUU?*

**Are they** American?

*¿Ellos son estadounidenses?*

Las preguntas también pueden ser negativas:

**Aren't you** John? / *¿No eres John?*

**Isn't he** a doctor? / *¿Él no es médico?*

**Aren't they** Spanish?
*¿Ellos no son españoles?*

13

## PRESENTE DEL VERBO «TO BE» (FORMA NEGATIVA)

Para formar una frase negativa con el presente del verbo «to be», añadimos «**not**» detrás del verbo. También se puede expresar de forma contraída.
En este caso, veremos que existen dos formas de contraer la negación, aunque la primera es la más usual.

**VOCABULARIO:**
DESPEDIDAS – *Saying farewell*

| | |
|---|---|
| **Goodbye!** | *¡Adiós!* |
| **Bye! (Bye-bye!)** | *¡Adiós!* |

| | |
|---|---|
| **See you!** | *¡Hasta la próxima!* |
| **See you later!** | *¡Hasta luego!* |
| **See you soon!** | *¡Hasta pronto!* |
| **See you tomorrow!** | *¡Hasta mañana!* |

**Take care!** *¡Cuídate!*

**Have a nice day!**
*¡Que tengas un buen día!*

**Till next time**
*¡Hasta la próxima!*

---

I am not = I'm not

you are not
you aren't = you're not

he is not
he isn't = he's not

she is not
she isn't = she's not

it is not
it isn't = it's not

we are not
we aren't = we're not

you are not
you aren't = you're not

they are not
they aren't = they're not

---

**I'm not** Italian. / *No soy italiano.*

**You aren't** Vincent. / *Tú no eres Vincent.*

**He isn't** here. / *Él no está aquí.*

**She isn't** Peggy. / *Ella no es Peggy.*

**It isn't** a book. / *No es un libro.*

**We aren't** in Miami. / *No estamos en Miami.*

**You aren't** tall. / *Vosotros no sois altos.*

**They aren't** students.
*Ellos no son estudiantes.*

## Talking tips

Por la noche, para despedirnos, también podemos usar «**Good night!**» *(¡Buenas noches!)*, pero sólo como fórmula de despedida, ya que como saludo sería «**Good evening!**» *(¡Buenas noches!)*.

### SIGNOS DE EXCLAMACIÓN E INTERROGACIÓN

Hemos de tener en cuenta que, en inglés, sólo se usa un signo de exclamación o interrogación, al final de la frase o expresión:

Hello!

Goodbye!

How are you?

Are you Gerald?

## Ejercicios

**1.-** ¿Cuál es la contracción de…?

**a)** are not _____

**b)** is not _____

**c)** am not _____

---

**2.-** Completa con la forma afirmativa correspondiente del verbo «to be».

**d)** _____ I William?

**e)** _____ she American?

**f)** _____ they Peggy and Sue?

**g)** _____ you a student?

---

**3.-** ¿Cómo se dice en inglés…?

**h)** ¡Hasta luego! _____

**i)** ¡Hasta mañana! _____

---

**4.-** ¿Con qué expresión nos despedimos deseando buenas noches?

_____

_____

15

# unidad 3

## contenido

1 RESPUESTAS CORTAS
2 PAÍSES, NACIONALIDADES E IDIOMAS
3 LA PREPOSICIÓN «FROM»
4 EJERCICIOS

Para responder de forma corta utilizamos «**Yes**» *(sí)* o «**No**» *(no)*, el **pronombre sujeto** que corresponda y el **auxiliar** (el verbo «to be» en este caso). El auxiliar será afirmativo o negativo, según el caso.

Is she American? **Yes, she is.**
*¿Es ella estadounidense? Sí (lo es).*

Are you a teacher? **Yes, I am.**
*¿Es usted profesor? Sí (lo soy).*

Is it a camera? **No, it isn't.**
*¿Es una cámara? No (no lo es).*

Are they your parents? **No, they aren't.**
*¿Son tus padres? No (no lo son).*

Are Peter and Bob pilots? **No, they aren't.**
*¿Son Peter y Bob pilotos? No (no lo son).*

Is Mary your friend? **Yes, she is.**
*¿Es Mary tu amiga? Sí (lo es).*

## RESPUESTAS CORTAS

Cuando se formula una pregunta y ésta comienza con un auxiliar, como lo es el verbo «to be», ésta se puede responder con un «sí» o un «no». Este tipo de preguntas se pueden responder de forma corta o de otra forma algo más extensa.

| Are you a student? / *¿Eres estudiante?* | |
| --- | --- |
| **respuesta corta** | **respuesta extensa** |
| **Yes, I am.** | Yes, I am a student. |
| *Sí, (lo soy)* | *Sí, soy estudiante.* |

| Is she your mother? / *¿Es ella tu madre?* | |
| --- | --- |
| **respuesta corta** | **respuesta extensa** |
| **No, she isn't**. | No, ella no es mi madre. |
| *No, (no lo es).* | *No, she isn't my mother.* |

Como podemos ver en los ejemplos, en las respuestas cortas el sujeto y el verbo no se pueden contraer nunca. Sólo lo hacen los verbos con la negación «not».

En inglés, los países, nacionalidades
e idiomas siempre se escriben
con letra mayúscula.

| Countries (países) | Nationalities (nacionalidades) | Languages (idiomas) |
|---|---|---|
| The United States | American | English |
| Canada | Canadian | English/French |
| Australia | Australian | English |
| Mexico | Mexican | Spanish |
| Cuba | Cuban | Spanish |
| Argentina | Argentinian | Spanish |
| Brazil | Brazilian | Portuguese |
| England | English | English |
| Spain | Spanish | Spanish |
| Germany | German | German |
| France | French | French |
| Italy | Italian | Italian |
| Japan | Japanese | Japanese |
| China | Chinese | Chinese |

## LA PREPOSICIÓN «FROM»

Para indicar **procedencia** usamos
la preposición **«from»** *(de, desde)*:

I'm **from Mexico**. I'm **Mexican**.
*Soy de México. Soy mexicano.*

He's **from the United States**.
He's **American**.
*Él es de EEUU. Es estadounidense.*

We're **from Australia**.
We speak **English**.
*Somos de Australia. Hablamos inglés.*

Are you **from Germany**? Yes, I am.
*¿Eres de Alemania? Sí, lo soy.*

**«From»** también aparece al final de
las frases cuando preguntamos por
procedencias:

- Where are you **from**?

*- ¿De dónde eres?*

- I'm **from** Germany.

*- Soy de Alemania.*

- Where is Eva **from**?

*- ¿De dónde es Eva?*

- She's **from** Brazil.

*- Es de Brasil.*

## Ejercicios

**1.-** Responde de forma corta.

**a)** Is it a book? No, _____

**b)** Is he Peter? Yes, _____

**c)** Am I tall? No, _____

**d)** Are they students? Yes, _____

**2.-** Sustituye las palabras subrayadas por nacionalidades.

**e)** I am from Canada. I'm _____
_____

**f)** She's from Argentina. She's _____
_____

**g)** Is he from Japan? Is he _____
_____ ?

**h)** They're from Spain. They're _____
_____

**3.-** Ordena las palabras para formar una frase.

**i)** from are where you?
_____

**j)** aren't John Mexico Linda and from.
_____

Soluciones:
1.- **a)** No, it isn't; **b)** Yes, he is; **c)** No, you aren't; **d)** Yes, they are. 2.- **e)** Canadian; **f)** Argentinian; **g)** Japanese; **h)** Spanish. 3.- **i)** Where are you from?; **j)** John and Linda aren't from Mexico.

## EL ARTÍCULO INDETERMINADO (A / AN)

**a)** Se utiliza delante de un nombre contable en singular cuando nos referimos a él por primera vez:

It is **a** book. / *Es un libro.*
He is **a** boy. / *Es un muchacho.*

**b)** También se usa al hablar de profesiones u ocupaciones (cuando el sujeto sea singular). Obsérvese que en español no aparece:

She is **a** teacher. / *Ella es profesora.*
I'm **a** student. / *Soy estudiante.*

**c)** En muchos casos equivale a «one» (*uno*):

I have **a** car. / *Tengo un auto.*

**d)** Se utiliza **«a»** delante de palabras que comienzan por consonante (sonido consonántico):

It is **a** dog. / *Es un perro.*
I am **a** painter. / *Soy pintor.*

**e)** Usaremos **«an»** delante de palabras que comiencen por vocal (sonido vocálico) o «h» muda.

It is **an** egg. / *Es un huevo.*
He is **an** architect. / *Él es arquitecto.*

**lawyer:** *abogado/a*

**architect:** *arquitecto/a*

**fireman:** *bombero*

**taxi driver:** *taxista*

**butcher:** *carnicero/a*

**baker:** *panadero/a*

**postman:** *cartero*

**scientist:** *científico/a*

**cook:** *cocinero/a*

**shop assistant:** *dependiente/a*

**electrician:** *electricista*

**bank clerk:** *empleado/a de banco*

**plumber:** *fontanero/a*

**engineer:** *ingeniero/a*

**gardener:** *jardinero/a*

**vet:** *veterinario/a*

**translator:** *traductor/a*

**secretary:** *secretario/a*

**teacher:** *profesor/a*

**policeman:** *policía*

**painter:** *pintor/a*

**pilot:** *piloto*

**journalist:** *periodista*

**mechanic:** *mecánico*

**student:** *estudiante*

**manager:** *gerente*

**accountant:** *contable*

**hairdresser:** *peluquero/a*

I'm an **electrician**. / *Soy electricista.*

They aren't **engineers**. / *Ellas no son ingenieras.*

Linda is a **vet**. / *Linda es veterinaria.*

We are **butchers**. / *Somos carniceros.*

You are a **taxi driver**. / *Eres taxista.*

## LOS ADJETIVOS POSESIVOS

Estos adjetivos indican posesión y siempre acompañan a un nombre.

**my**   *mi, mis*

**your**   *tu, tus, su, sus (de usted)*

**his**   *su, sus (de él)*

**her**   *su, sus (de ella)*

**its**   *su, sus (de ello)*

**our**   *nuestro/a/os/as*

**your**   *vuestro/a/os/as su, sus (de ustedes)*

**their**   *su, sus (de ellos/as)*

It is **my** <u>dictionary</u>. / *Es mi diccionario.*

Mary isn't **his** <u>sister</u>.
*Mary no es su hermana (de él).*

**Her** <u>name</u> is Susan.
*Su nombre (de ella) es Susan.*

Is it **our** <u>classroom</u>? / *¿Es nuestra clase?*

Michael is **their** <u>son</u>.
*Michael es su hijo (de ellos).*

A diferencia del español, los adjetivos posesivos en inglés tienen una forma invariable, bien acompañen a un sustantivo singular o plural.

He is **my** brother.
*Él es mi hermano.*

They are **my** brothers.
*Ellos son mis hermanos.*

**Our** book is interesting.
*Nuestro libro es interesante.*

**Our** books are interesting.
*Nuestros libros son interesantes.*

El adjetivo posesivo «**its**» indica pertenencia de algo a una cosa, lugar o animal y hay que tener cuidado de no confundirlo con la contracción «it's (it is)».

The dog is in **its** kennel.
*El perro está en su caseta.*

## Ejercicios

**1.-** Completar con el artículo indeterminado (a/an), cuando sea necesario.

**a)** She's artist. _____

**b)** They are _____ painters.

**c)** Is it _____ egg?

**d)** I am teacher. _____

**2.-** ¿Cómo se denomina en inglés a...?

**e)** la persona que vende carne:
_____

**f)** la persona que corta el pelo:
_____

**g)** la persona que cuida el jardín:
_____

**h)** la persona que escribe artículos en un periódico:
_____

**3.-** ¿Qué adjetivos posesivos corresponden a los siguientes pronombres?

**i)** You _____

**j)** She _____

**1.- a)** an, **b)** - ; **c)** an, **d)** a.
**2.- e)** butcher, **f)** hairdresser;
**g)** gardener, **h)** journalist.
**3.- i)** your, **j)** her.

20

# unidad 5

**contenido**

1 ADJETIVOS DEMOSTRATIVOS
(THIS, THAT, THESE, THOSE)
2 LA FAMILIA – *The family*
3 EJERCICIOS

## ADJETIVOS DEMOSTRATIVOS
(THIS, THAT, THESE, THOSE)

Los adjetivos demostrativos se utilizan para mostrar la distancia entre el hablante y el objeto del que se habla. Suelen aparecer acompañados de un nombre.

Sus formas en singular son:

**this:** *este, esta, esto*

**that:** *ese, esa, eso, aquel, aquella, aquello*

*Recuerda*

En español hay tres grados distintos de proximidad (cerca, media distancia, lejos), pero, como se puede ver, en inglés sólo hay dos: «**this**», que se usa para referirse a objetos <u>cercanos</u> al hablante (está relacionado con «aquí»), y «**that**», que se utiliza para referirse a objetos que se encuentran tanto <u>a cierta distancia</u> como <u>lejos</u> del hablante (está relacionado con «allí»).

Estos adjetivos tienen la misma forma con nombres masculinos o femeninos.

**This** <u>man</u> is my father.
*Este hombre es mi padre.*

**This** <u>woman</u> is my mother.
*Esta mujer es mi madre.*

**That** <u>boy</u> is Peter.
*Ese/aquel muchacho es Peter.*

**That** <u>girl</u> is tall.
*Esa/aquella muchacha es alta.*

El demostrativo «**that**» puede contraerse con «**is**»:

<u>That is</u> my car ▶ **That's** my car
*Ése/aquél es mi auto.*

Las formas en plural son:

**these:** *estos, estas*

**those:** *esos, esas, aquellos, aquellas*

**These** <u>books</u> are interesting.
*Estos libros son interesantes.*

**These** <u>women</u> are Spanish.
*Estas mujeres son españolas.*

**Those** <u>computers</u> are expensive.
*Esas computadoras son caras.*

Are **those** <u>girls</u> Linda and Betty?
*¿Son esas/aquellas muchachas Linda y Betty?*

De igual manera que en singular, vemos que en inglés sólo hay dos grados de proximidad.

> Cuando nos refiramos a cercanía o lejanía en el tiempo
> también se usan estos adjetivos demostrativos:

| | |
|---|---|
| **this** week: *esta semana* | **that** summer: *ese/aquel verano* |
| **that** week: *esa/aquella semana* | **these** days: *estos días* |
| **this** year: *este año* | **those** days: *esos/aquellos días* |
| **that** year: *ese/aquel año* | **these** months: *estos meses* |
| **this** summer: *este verano* | **those** months: *esos/aquellos meses* |

## VOCABULARIO:
### LA FAMILIA – *The family*

**Louis**
grandfather/*abuelo*

**Sarah**
grandmother/*abuela*

**John**
uncle/*tío*

**Kelly**
aunt/*tía*

**Peter**
father/*padre*

**Margaret**
mother/*madre*

**William**
uncle/*tío*

**Ann**
cousin
*prima*

**Robert**
cousin
*primo*

**James**
brother
*hermano*

**Mary**
sister-in-law
*cuñada*

**I**
*yo*

**Laura**
sister
*hermana*

**George**
brother-in-law
*cuñado*

**David**
nephew
*sobrino*

**Betty**
niece
*sobrina*

## Otros términos relacionados con la familia son:

**parents**: *padres*

**children**: *hijos*

**son**: *hijo*

**daughter**: *hija*

**grandparents**: *abuelos*

**grandchildren**: *nietos*

**grandson**: *nieto*

**granddaughter**: *nieta*

**husband**: *marido, esposo*

**wife**: *mujer, esposa*

**parents-in-law**: *suegros*

**father-in-law**: *suegro*

**mother-in-law**: *suegra*

**son-in-law**: *yerno*

**daughter-in-law**: *nuera*

**boyfriend**: *novio*

**girlfriend**: *novia*

---

Mary is my **sister-in-law**.
*Mary es mi cuñada.*

Is Sarah your **grandmother**?
Yes, she is.
*¿Es Sarah tu abuela? Sí, lo es.*

Kelly is my **aunt**.
Her **husband** is John.
*Kelly es mi tía. Su marido es John.*

My **grandparents** have
five **grandchildren**.
*Mis abuelos tienen cinco nietos.*

---

# Ejercicios

**1.-** Subrayar los adjetivos demostrativos adecuados.

**a)** Si los muchachos están lejos:
These / Those boys are Peter and John.

**b)** Si el libro está a cierta distancia:
This / That book is interesting.

**c)** Si el teléfono móvil se encuentra cerca:
That / This cell phone is German.

**d)** Si los autos están cerca:
Those / These cars are blue.

**e)** Si el portátil está a cierta distancia:
That / This laptop is expensive.

---

**2.-** ¿Cómo se denomina a…..?

**f)** La hermana de mi madre

_____

**g)** Los padres de mi padre

_____

**h)** La hija de mi hermano

_____

**i)** El marido de mi hermana

_____

**j)** El hijo de mi tío

_____

# unidad 6

## FORMULAR PREGUNTAS CON PRONOMBRES INTERROGATIVOS

Los pronombres interrogativos son palabras que utilizamos al principio de las preguntas para demandar información acerca de cosas, personas, lugares, momentos, etc.

Estas preguntas no se pueden responder con un «sí» o un «no», por lo que no se pueden usar las respuestas cortas, sino que se necesitan respuestas más elaboradas.

| | |
|---|---|
| **What?** | *¿Qué, (cuál/cuáles)?* |
| **Where?** | *¿Dónde?* |
| **Who?** | *¿Quién? / ¿Quiénes?* |
| **When?** | *¿Cuándo?* |
| **How?** | *¿Cómo?* |

**What** is her address?
*¿Cuál es su dirección?*

**Where** are you from? / *¿De dónde eres?*

**Who** is she? / *¿Quién es ella?*

**When** is your birthday?
*¿Cuándo es tu cumpleaños?*

**How** are you? / *¿Cómo estás?*

En muchas ocasiones podemos encontrar contracciones con «**is**».

**What is = What's**
**What's** your name?
*¿Cuál es tu nombre?*

**Where is = Where's**
**Where's** the car?
*¿Dónde está el auto?*

**What** is your name? My name is Bob.
*¿Cuál es tu nombre? Me llamo Bob.*

**Where** is Susan? She is in Detroit.
*¿Dónde está Susan? Está en Detroit.*

**Who** is Mr. King? He is my father.
*¿Quién es el Sr. King? Es mi padre.*

**When** is the match? At five o'clock.
*¿Cuándo es el partido? A las cinco.*

**How** are you? I'm fine, thanks.
*¿Cómo estás? Estoy bien, gracias.*

Cuando preguntamos por información personal, en muchos casos hacemos uso de los pronombres interrogativos anteriores.

**What** is your... / ¿Cuál es tu...

**name?** / nombre?
**address?** / dirección?
**telephone number?** / número de teléfono?

My/Mi

name/nombre
address/dirección
telephone number/número de teléfono

is.../es...

**What** is your job? I'm a teacher.
¿Cuál es tu trabajo? Soy profesor.

**Where** are you from? I'm from Italy.
¿De dónde eres? Soy de Italia.

**How** are you? I'm not very well.
¿Cómo estás? No estoy muy bien.

## VOCABULARIO:
### LOS COLORES - The colors

| | |
|---|---|
| **red** | rojo |
| **blue** | azul |
| **yellow** | amarillo |
| **green** | verde |
| **orange** | anaranjado |
| **brown** | marrón |
| **black** | negro |
| **white** | blanco |
| **gray** | gris |
| **pink** | rosa |
| **purple** | morado |
| **fuchsia** | fucsia |
| **sky blue** | azul celeste |
| **navy blue** | azul marino |

What **color** is that door?
¿De qué color es esa puerta?

My umbrella is **blue** and **red**.
Mi paraguas es azul y rojo.

Para expresar la intensidad del color usamos «**light**» (claro) y «**dark**» (oscuro) junto al **color**.

This car is **light green**.
Este auto es verde claro.

Her cell phone isn't **dark brown**. It's **black**.
Su móvil no es marrón oscuro. Es negro.

## Ejercicios

**1.-** Completa con el pronombre interrogativo correspondiente.

**a)** _____ are you? I am in my house.

**b)** _____ is your name?
My name is Rose.

**c)** _____ is that man? That man is my father.

**d)** _____ are they from? They're from Brazil.

**e)** _____ is your mother? She's very well, thank you.

**f)** _____ is «Independence Day» in the USA? It's on July, 4th.

**g)** _____ 's that orange box? It's a present for Sarah.

**2.-** ¿De qué color es......?

**h)** a banana

_____

**i)** coffee

_____

**j)** sugar

_____

## EL ARTÍCULO DETERMINADO «THE»

El artículo determinado **«the»** significa *«el, la, los, las»*, es decir, se usa tanto para el masculino y femenino, como para el singular y plural.

**the** car, **the** cars
*el auto, los autos*

**the** house, **the** houses
*la casa, las casas*

### «The» se utiliza:

- Cuando el hablante y el oyente conocen aquello que se trata:
**The** book is interesting.
*El libro es interesante
(todos saben qué libro).*

- Al referirnos a algo mencionado anteriormente:
These are my children. **The** boy is Tom.
*Éstos son mis hijos. El niño es Tom.*

- Al hablar de algo único:
He is **the** president. / *Él es el presidente.*

- Con nombres de hoteles, restaurantes, museos, periódicos, teatros, etc.
I work at **the** Royal Hotel
*Trabajo en el Hotel Royal*

That newspaper is **the** Miami Herald
*Ese periódico es el Miami Herald.*

Hay que señalar que el artículo «the» se puede ponunciar de dos maneras. De forma general, si precede a una palabra que comienza con un sonido consonántico, se ponuncia /de/, pero si precede a una palabra que comienza con un sonido de vocal, se pronuncia /di/. No hay que olvidar que la «th» del artículo suele pronunciarse como un sonido entre la «d» y la «z».

| | |
|---|---|
| **the** boy | /<u>de</u> boi/ |
| **the** alphabet | /<u>di</u> alfabet/ |
| **the** table | /<u>de</u> teibol/ |
| **the** egg | /<u>di</u> eg/ |

## LOS ADVERBIOS «HERE» y «THERE»

**«Here»** (aquí, acá) y **«there»** (allí, allá, ahí) son dos adverbios de lugar.

**«Here»** se utiliza cuando indicamos que algo está cerca del hablante, o bien un lugar próximo a él:

Come **here**! / ¡Ven aquí!
I am **here**. / Estoy aquí.

**«There»** se usa cuando indicamos que algo está retirado o alejado del hablante, o bien un lugar distante de él:

Her sister is **there**.
Su hermana está allí
My cell phone isn't **there**.
Mi teléfono móvil no está allí.

En muchos casos estos adverbios aparecen en otras expresiones:

My house is **right here**.
Mi casa está aquí mismo.

Your father is **over there**.
Tu padre está por allí.

## VOCABULARIO:
### AGRADECIMIENTOS - *Thanking*

Para dar las gracias por algo, podemos decir:

**Thanks** / Gracias

**Thank you** / Gracias

**Thanks a lot** / Muchas gracias

**Thank you very much** / Muchas gracias

**Thank you very much, indeed!**

¡Muchísimas gracias!

Y para responder:

**You're welcome!** */ ¡De nada!

**Not / Nothing at all!** / ¡De nada!

**Don't mention it!** / ¡No hay de qué!

*(\*) Ésta es la expresión más usada de manera coloquial.*

# Ejercicios

**1.-** Completa los espacios con los artículos «the» o «a/an».

**a)** They are European. _____ director is Italian and_____ secretary is French.

**b)** We are at_____ Metropolitan Hotel.

**c)** It is_____Washington Post.

**d)** He is_____ electrician.

**e)** There are two animals: _____ dog is Tobby and_____cat is Flippy.

**2.-** Rellenar los espacios con «here» o «there».

**f)** (I'm in Spain). They are in Florida. They live _____

**g)** We are _____ but they are

**h)** (I'm in the kitchen). The dictionary? It isn't _____ It is over _____, in the living room.

**3.-** ¿Cuál es la respuesta más usual cuando nos dan las gracias por algo?

_____

_____

**4.-** ¿Con qué expresión de una sola palabra podemos dar las gracias?

_____

Soluciones:
**1.- a)** The, the; **b)** the;
**c)** the; **d)** an; **e)** the, the
**2.- f)** there; **g)** here, there;
**h)** here, there **3.-** You're
welcome! **4.-** Thanks.

---

# unidad 8

**Contenido**

1 PREPOSICIONES DE LUGAR
(«IN», «ON», «AT»)
2 EJERCICIOS

## PREPOSICIONES DE LUGAR
(«IN», «ON», «AT»)

Las preposiciones «in», «on» y «at» equivalen a «en» en español, pero se usan en situaciones diferentes.

**IN** significa «en» o «dentro» de un lugar o espacio limitado:

My father's **in** the kitchen.
*Mi padre está en la cocina.*

They are **in** Canada.
*Ellos están en Canadá.*

The gift is **in** a box.
*El regalo está en una caja.*

También:

| | |
|---|---|
| **in** a car | *en un auto* |
| **in** a shop | *en una tienda* |
| **in** a park | *en un parque* |
| **in** the water | *en el agua* |
| **in** the sea | *en el mar* |
| **in** the newspaper | *en el periódico* |
| **in** bed | *en la cama* |
| **in** the house | *en la casa* |

28

> **ON** significa «en» o
> «sobre» una superficie,
> con la que se tiene contacto.

My glasses are **on** the table.

*Mis gafas están en la mesa.*

The pictures are **on** the walls.

*Los cuadros están en las paredes.*

The children are playing **on** the floor.

*Los niños están jugando en el suelo.*

Ya apreciamos algunas
diferencias entre «**in**» y «**on**»:

Tratándose de automóviles
usaremos «**in**» (in a car, in a taxi),
pero con otros medios de transporte
usamos «**on**» (on a bus, on a plane).

También:

| | |
|---|---|
| **on** a bus | *en un autobús* |
| **on** a train | *en un tren* |
| **on** a plane | *en un avión* |
| **on** Oak street | *en la calle Oak* |
| **on** a chair | *en una silla* |
| **on** the first floor | *en el primer piso* |

> **AT** significa «*en*» al referirnos a un punto,
> a un lugar determinado.

Mike is **at** the door.

*Mike está en la puerta.*

Your cousin is **at** the bus stop.

*Tu prima está en la parada del autobús.*

I live **at** 24, Benson Street.

*Vivo en la calle Benson, número 24.*

Y en expresiones

**on** the radio

*en la radio*

**on** television (on TV)

*en televisión*

**on** the right / left

*a la derecha / izquierda*

También:

| | |
|---|---|
| **at** the gas station | *en la gasolinera* |
| **at** the airport | *en el aeropuerto* |
| **at** the traffic light | *en el semáforo* |
| **at** home | *en casa* |
| **at** work | *en el trabajo* |
| **at** school | *en la escuela* |
| **at** the meeting | *en la reunión* |
| **at** the concert | *en el concierto* |

En algunos casos, la diferencia entre «**in**» y «**at**» es que el primero se refiere al «interior de un recinto» y el segundo a la «actividad propia que se realiza en un recinto»:

The accident happened
**in** the school.
*El accidente ocurrió en la escuela.*

The children are **at** school.
*Los niños están en la escuela.*
(Aprendiendo)

# Ejercicios

**1.-** Completar las oraciones con «in», «on» o «at».

**a)** The pictures are _____ the wall.

**b)** Is the book _____ the table?

**c)** Sheila is _____ work.

**d)** Peter is not very well. He is _____ bed.

**e)** Are they_____ the car?

**f)** There is a good program _____ television.

**g)** Greg is_____ the bus stop.

**h)** The pilot works _____ a plane.

**i)** Where are the children?

They are _____ school.

**j)** The computer is _____ a shop, _____ Drafton Street.

# unidad 9

## EL PRESENTE SIMPLE (Forma afirmativa)

El **presente simple** de los verbos se usa para expresar **acciones habituales o rutinarias**.

En frases afirmativas, se forma con el **infinitivo** del verbo (sin»to»), que es invariable para todas las personas, excepto para la 3ª persona del singular (he, she, it), donde se añade una «**s**». Así:

### [To eat: *comer*]

| I | **eat** | yo como |
|---|---------|---------|
| you | **eat** | tú comes - usted come |
| he | **eats** | él come |
| she | **eats** | ella come |
| it | **eats** | come |
| we | **eat** | nosotros/as comemos |
| you | **eat** | vosotros/as coméis - ustedes comen |
| they | **eat** | ellos/as comen |

We **eat** a lot of fish.
*Nosotros comemos mucho pescado.*

She **lives** in New Mexico.
*Ella vive en Nuevo México.*

I **speak** Spanish. / *Hablo español.*

You **work** from Monday to Friday.
*Tú trabajas de lunes a viernes.*

The dog **drinks** a lot of water.
*El perro bebe mucha agua.*

They **study** English.
*Ellos estudian inglés.*

## LA TERCERA PERSONA SINGULAR DEL PRESENTE SIMPLE

Ya hemos visto que la 3ª persona del singular (he, she, it) del presente simple, en frases afirmativas, se forma añadiendo una «**-s**» al **infinitivo** del verbo. Ésta es la regla general, pero hay algunas excepciones:

- Si el infinitivo acaba en **–s, -sh, -ch, -o, -x**, o **–z**, se añade «**-es**».

To **pass** *(aprobar)*:

He **passes** his exams.
*Él aprueba sus exámenes.*

To **wash** *(lavar)*:

She **washes** her hands.
*Ella se lava las manos.*

31

To **watch** TV *(ver la TV)*:
He **watches** TV every evening.
*Él ve la TV todas las noches.*

To **do** *(hacer)*:
She **does** her homework.
*Ella hace sus deberes.*

To **go** *(ir)*:
My father **goes** to work by car.
*Mi padre va a trabajar en auto.*

- Si el infinitivo acaba en «**-y**» precedida de vocal, se añade «**-s**», pero si va precedida de una consonante, la «**y**» se transforma en «**i**» y se añade «**-es**».

To **play** *(jugar, tocar un instrumento)*:
He **plays** tennis.
*Él juega al tenis.*

To **cry** *(llorar)*:
The baby **cries** a lot.
*El bebé llora mucho.*

**(to) get up** / *levantarse*

**(to) take a shower** / *tomar una ducha*

**(to) work** / *trabajar*

**(to) go to work** / *ir a trabajar*

**(to) go back home** / *volver a casa*

**(to) watch television** / *ver la televisión*

**(to) study** / *estudiar*

**(to) read the newspaper**
*leer el periódico*

**(to) rest, relax** / *relajarse*

**(to) go to bed** / *irse a la cama*

**(to) have...**

**breakfast** / *desayunar*

**lunch** / *comer, almorzar*

**dinner - supper** / *cenar*

## Ejercicios

**1.-** Conjugar los verbos en tercera persona del singular del presente simple:

**a)** do _____

**b)** buy _____

**c)** take _____

**d)** study _____

**e)** push _____

**2.-** Completar los espacios con el verbo y la forma correspondientes en presente simple.

Verbos: **work, live, go, watch, read.**

**f)** She _____ to bed late.

**g)** They _____ the newspaper.

**h)** We _____ in a bank.

**i)** My brother _____ television in the evening.

**j)** I _____ in an apartment.

1 EL PRESENTE SIMPLE (FORMA NEGATIVA)
2 EL PRESENTE SIMPLE (FORMA INTERROGATIVA)
3 LOS DÍAS DE LA SEMANA –
*The days of the week*
4 EJERCICIOS

## EL PRESENTE SIMPLE
### (Forma negativa)

Para expresar frases negativas en presente, se utiliza el auxiliar «**don't**» delante del **infinitivo del verbo** para todas las personas, excepto para la 3ª persona del singular (he, she, it), para la que se usa «**doesn't**». En este último caso, el infinitivo no añade «s». Tanto «**don't**» como «**doesn't**» equivalen a «*no*» en español.

Sujeto + **don't / doesn't** + infinitivo

I **don't like** wine.
*No me gusta el vino.*

We **don't study** German.
*No estudiamos alemán.*

You **don't do** exercise.
*Vosotros no hacéis ejercicio.*

They **don't work** in Miami.
*Ellos no trabajan en Miami.*

He **doesn't play** the piano.
*Él no toca el piano.*

She **doesn't get up** at seven.
*Ella no se levanta a las siete.*

The machine **doesn't work** properly.
*La máquina no funciona correctamente.*

**Does** he **have** a blue car?
*¿Tiene él un auto azul?*

**Does** she **like** vegetables?
*¿Le gustan las verduras (a ella)?*

**Does** it **rain** in winter?
*¿Llueve en invierno?*

## EL PRESENTE SIMPLE
### (Forma interrogativa)

Para formular preguntas en presente, se coloca el auxiliar **«do»** delante del sujeto, o **«does»** si es 3ª persona del singular (he, she, it), y se usa el **verbo en infinitivo**. En este caso, ni «do» ni «does» tienen traducción en español, sino que son la marca de pregunta.

**Do**
**Does** + sujeto + **infinitivo**...?

**Do** I **have** much money?
*¿Tengo mucho dinero?*

**Do** you **understand**? / *¿Comprendes?*

**Do** we **go** to bed late?
*¿Nos vamos a la cama tarde?*

**Do** they **watch** television?
*¿Ven ellos la televisión?*

Estas preguntas se pueden responder de forma corta:

Do you understand?
**Yes, I do**.
*¿Comprendes? Sí.*

Does he have a blue car?
**No, he doesn't**.
*¿Tiene él un auto azul? No.*

Las preguntas también pueden comenzar con un pronombre interrogativo:

**Where do** you **live?**
*¿Dónde vives?*

**What does** he **do?**
*¿Qué hace él?, ¿A qué se dedica él?*

**When do** they **study?**
*¿Cuándo estudian?*

¡**Ojo!**: No hay que confundir el auxiliar «**do**» con el verbo «**to do**» (hacer), que no es auxiliar. Por ello, cuando en una frase negativa o interrogativa aparece el verbo «**to do**», también hemos de hacer uso del auxiliar «**do**» (o «**does**»).

I **don't do** exercise.
*No hago ejercicio*

**Do** you **do** the shopping?
*¿Haces la compra?*

When **does** he **do** his homework?
*¿Cuándo hace él sus deberes?*

| | |
|---|---|
| **Monday** | *lunes* |
| **Tuesday** | *martes* |
| **Wednesday** | *miércoles* |
| **Thursday** | *jueves* |
| **Friday** | *viernes* |
| **Saturday** | *sábado* |
| **Sunday** | *domingo* |
| **weekend** | *fin de semana* |

Hemos de recordar que, en inglés, los días de la semana siempre se escriben en mayúscula, y, cuando nos referimos a ellos, solemos usar la preposición «**on**».

The class is **on Thursday**.
*La clase es el jueves.*

## Ejercicios

**1.-** Completar los espacios con la forma negativa de los siguientes verbos: speak, play, eat, work.

**a)** I _____ basketball.

**b)** My dog _____ chocolate.

**c)** Sally and Jess _____ Chinese.

**d)** They _____ on Sunday.

**2.-** Realizar preguntas para obtener las siguientes respuestas.

**e)** _____

No, I don't go to work by bus.

**f)** _____

She lives in Miami.

**g)** _____

Yes, she lives in Miami.

**h)** _____

They have a new computer.

**3.-** Responder de forma corta.

**i)** Do you like whisky? No, _____

**j)** Does it rain in London? Yes, _____

*Soluciones:*

**1.- a)** don't play; **b)** doesn't eat; **c)** don't speak; **d)** don't work. **2.- e)** Do you go to work by bus? **f)** Where does she live? **g)** Does she live in Miami? **h)** What do they have? **3.- i)** No, I don't. **j)** Yes, it does.

---

# unidad 11

### EL VERBO «TO HAVE»

El verbo **«to have»** es uno de los más importantes en inglés. Equivale en español a los verbos *«tener»* y *«haber»*. En esta unidad vamos a considerar a **«to have»** como *«tener»*.

Su forma afirmativa en presente simple es:

| [To have: *tener*] | | |
|---|---|---|
| I | **have** | *yo tengo* |
| you | **have** | *tú tienes - usted tiene* |
| he | **has** | *él tiene* |
| she | **has** | *ella tiene* |
| it | **has** | *tiene* |
| we | **have** | *nosotros/as tenemos* |
| you | **have** | *vosotros/as tenéis* |
| | | *ustedes tienen* |
| they | **have** | *ellos/as tienen* |

36

Podemos ver que el verbo (**have**) es igual para todas las personas, excepto para la tercera del singular (he, she, it), que es «**has**».

I **have** a brother and a sister
*Tengo un hermano y una hermana*

She **has** an old computer
*Ella tiene una computadora antigua*

They **have** two houses
*Ellos tienen dos casas*

Las frases negativas y las preguntas con este verbo se forman de igual manera que con el resto de los verbos no auxiliares.

I **don't have** blue eyes
*No tengo los ojos azules*

He **doesn't have** a pet / *Él no tiene mascota*

**Do** you **have** a dictionary?
*¿Tienes un diccionario?*

What **does** he **have**? / *¿Qué tiene él?*

En algunas situaciones (y fundamentalmente en inglés británico) podemos usar «**to have got**» como sinónimo de «**to have**». En este caso hemos de tener en cuenta que «**to have got**» sí es un verbo auxiliar. Así, comparando ambos verbos:

You **have** a dog = You **have got** a dog
You**'ve got** a dog

He **has** a dog = He **has got** a dog
He**'s got** a dog

You **don't have** a dog = You **haven't got** a dog

He **doesn't have** a dog = He **hasn't got** a dog

**Do** you **have** a dog? Yes, I **do** =
**Have** you **got** a dog? Yes, I **have**

---

**VOCABULARIO:**
LA CARA – *The face*

| | |
|---|---|
| **hair:** | *cabello, pelo* |
| **forehead:** | *frente* |
| **eyebrow:** | *ceja* |
| **eyelashes:** | *pestañas* |
| **eye:** | *ojo* |
| **nose:** | *nariz* |
| **ear:** | *oreja* |
| **cheek:** | *mejilla* |
| **mouth:** | *boca* |
| **lip:** | *labio* |
| **teeth:** | *dientes (**tooth**: diente)* |
| **chin:** | *mentón, barbilla* |

Al hablar sobre el pelo podemos usar algunos de los siguientes adjetivos:

**COLOR:**
**black** *(negro)*
**dark** *(oscuro)*
**brown** *(castaño)*
**blond / fair** *(rubio)*
**red** *(pelirrojo)*

**FORMA:**
**straight** *(liso, lacio)*
**curly** *(rizado)*
**wavy** *(ondulado)*

**TAMAÑO:**
**long** *(largo)*
**short** *(corto)*

Si hablamos de los ojos, éstos pueden ser:

**COLOR:**
**brown** *(marrones)*
**blue** *(azules)*
**green** *(verdes)*
**black** *(negros)*

**TAMAÑO:**
**big** *(grandes)*
**small** *(pequeños)*

Cuando usemos varios de estos adjetivos en una frase, el orden de dichos adjetivos será **«tamaño – forma – color»**:

She has **long, curly, blond** hair
*Ella tiene el pelo largo, rizado y rubio.*

I have **small, brown** eyes
*Tengo los ojos pequeños y marrones.*

## Ejercicios

**1.-** Corregir las frases que lo precisen (sin dejar de ser afirmativas, negativas o interrogativas).

**a)** I doesn't have long hair.

_____

**b)** He doesn't has a small nose.

_____

**c)** We don't have big, brown eyes.

_____

**d)** Does she has straight red hair?

_____

**e)** They have big ears and a small mouth.

_____

**2.-** Ordenar las letras para formar palabras relativas a las partes de la cara.

**f)** H T E T E _____

**g)** E D F A H E R O _____

**h)** T M U H O _____

**i)** B W E E R Y O _____

**j)** N I H C _____

# unidad 12

## EL CASO GENITIVO

Hay diversas maneras de expresar posesión en inglés. Una de ellas es usando los adjetivos posesivos (ver unidad 4):

**My** brother is Tom / *Mi hermano es Tom.*

That is **your** boyfriend / *Ése es tu novio.*

A continuación vamos a tratar el **caso genitivo**, que es otra manera de expresar posesión. Se utiliza cuando en la frase aparecen tanto el poseedor (que ha de ser una persona o, a veces, un animal), como aquello que se posee.

El orden habitual en español es: en primer lugar, la posesión, y después la preposición «de», que introduce al poseedor. En inglés se forma al revés: primero aparece el poseedor, a éste se le añade un apóstrofe y una «s» y después, aquello que se posee.

El libro de John
**John's book**

---

**a)** Si la posesión va precedida de un artículo determinado (el, la, los, las), éste desaparece en inglés.

El perro de Mike
Mike's dog.

La casa de Susan es grande
Susan's house is big.

**Linda's book** is interesting
*El libro de Linda es interesante*

She doesn't like **Peter's work**
*A ella no le gusta el trabajo de Peter*

**My brother's name** is James
*El nombre de mi hermano es James*

**Her father's sister** is her aunt
*La hermana de su padre es su tía*

**b)** Cuando el poseedor acaba en «s» por ser un nombre plural, sólo se agrega el apóstrofe:

**Your parents' house** is very nice
*La casa de tus padres es muy bonita.*

This is **his friends' classroom**
*Esta es la clase de sus amigos*

39

**c)** Cuando el nombre propio del poseedor termina en «s», se le puede añadir apóstrofe y «s» o sólo el apóstrofe, pero la pronunciación varía.

Dennis**'s** dog (se pronuncia *dénisiz*)
Dennis**'** dog (se pronuncia *dénis*)

**d)** El caso genitivo también se utiliza cuando «el poseedor» es un adverbio de tiempo:

**Today's** newspaper
*El periódico de hoy*

---

**VOCABULARIO:** LOS NÚMEROS 0 AL 10 / *Numbers 0-10*

| | |
|---|---|
| 0 | zero* |
| 1 | one |
| 2 | two |
| 3 | three |
| 4 | four |
| 5 | five |
| 6 | six |
| 7 | seven |
| 8 | eight |
| 9 | nine |
| 10 | ten |

\* «Zero» se pronuncia «/zírou/», con «s» silbante.

I have **three** brothers and **two** sisters
*Tengo tres hermanos y dos hermanas*

The temperature is **zero** degrees Celsius
*La temperatura es cero grados Celsius*

Paul's dog is **seven** years old
*El perro de Paul tiene siete años*

Cuando nos referimos a una cifra aproximada, hacemos uso del adverbio **«about»** *(aproximadamente, más o menos).*

The dog is **about** <u>five</u> years old.
*El perro tiene aproximadamente cinco años.*

There are **about** <u>ten</u> students in the classroom.
*Hay aproximadamente diez estudiantes en el aula.*

# Ejercicios

**1.-** Unir las dos frases en una, usando el caso genitivo. Ex: Peter has a sister. She is tall. ▶ Peter's sister is tall.

**a)** Barbara has some friends.
They are English. _____

**b)** My parents have a car.
It is red. _____

**c)** Your neighbor has a name.
It is Robert. _____

**d)** Nadia has a cat.
It is two months old. _____

**e)** Today is the match.
It is interesting. _____

**2.-** Completar las casillas con los números en letra y aparecerá otro número en vertical (j).

```
            j)
f)   4      _|_ _ _
g)   9    _ _|_ _
h)   7  _ _|_ _
i)   8    _|_ _ _ _
```

*Soluciones:*

**1.- a)** Barbara's friends are English; **b)** My parents' car is red; **c)** Your neighbor's name is Robert; **d)** Nadia's cat is two months old; **e)** Today's match is interesting.
**2.- f)** 4 - FOUR, **g)** 9 - NINE, **h)** 7 - SEVEN, **i)** 8 - EIGHT, **j)** FIVE

# unidad 13
CONTENIDO

1 LOS ADVERBIOS DE FRECUENCIA
2 USO DE «HOW OFTEN ....?»
3 PRESENTACIONES – *Introducing people*
4 EJERCICIOS

## LOS ADVERBIOS DE FRECUENCIA

Estos adverbios nos indican la frecuencia con la que tiene lugar una acción. Entre ellos están:

| | |
|---|---|
| **always** | *siempre* |
| **generally** | *generalmente* |
| **usually** | *normalmente* |
| **sometimes** | *a veces* |
| **rarely** | *pocas veces* |
| **hardly ever** | *casi nunca* |
| **never** | *nunca* |

Se colocan detrás del verbo «to be» (u otro auxiliar), si éste aparece en la frase, o delante del verbo, si éste es otro.

I <u>am</u> **usually** at home
*Normalmente estoy en casa.*

You **rarely** <u>wash</u> your car
*Lavas tu auto pocas veces.*

He <u>is</u> **never** late
*Él nunca llega tarde.*

Does she **always** <u>buy</u> the newspaper?
*¿Ella siempre compra el periódico?*

They **sometimes** <u>watch</u> the news on TV
*Ellos a veces ven las noticias en TV*

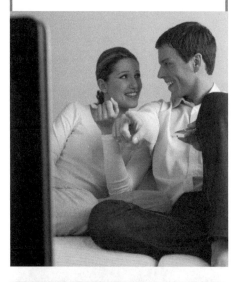

Algunos de estos adverbios también pueden aparecer colocados al principio o al final de la frase.

I **sometimes** go to the gym
=
**Sometimes** I go to the gym
*A veces voy al gimnasio.*

Con el interrogativo «**How often?**» preguntamos por la frecuencia con la que tiene lugar una acción.

- **How often** do you read the newspaper?
*¿Con qué frecuencia lees el periódico?*

- I <u>usually</u> read the newspaper
*Normalmente leo el periódico*

- **How often** does she get up early?
*¿Con qué frecuencia se levanta ella temprano?*

- She <u>never</u> gets up early
*Ella nunca se levanta temprano.*

## VOCABULARIO:
PRESENTACIONES - *Introducing people*

- Para presentarse uno a sí mismo se pueden utilizar distintas expresiones:

Hello, **I'm** Bob. (informal)
*Hola, soy Bob*

**My name is** Bob. (formal)
*Mi nombre es Bob*

- Para presentar a otra persona se puede decir:

Peter, **this is** Susan. (informal)
*Peter, ella es Susan*

**Let me introduce** you to Susan. (formal)
*Permítame presentarle a Susan*

**I'd like to introduce** you to Susan. (formal)
*Me gustaría presentarle a Susan*

- Al saludarse las personas que se han presentado, suelen decir:

(It's) **nice to meet you.** (informal)
*Mucho gusto / Encantado de conocerte*

(I'm) **pleased / glad to meet you.** (informal)
*Mucho gusto / Encantado de conocerte*

**How do you do?*** (formal)
*Es un placer conocerle*

\* Esta pregunta se responde formulando la misma pregunta.

---

# Ejercicios

**1.-** Colocar el adverbio de frecuencia donde corresponda.

**a)** He _____ plays football _____ (never)
**b)** I _____ go _____ to the movies. (often)
**c)** They _____ are _____ at home. (always)
**d)** We _____ watch _____ the news. (sometimes)
**e)** She _____ is _____ at school in the morning. (usually)

**2.-** ¿Con qué expresión se pregunta por la frecuencia con que se realiza una acción?

_____

**3.-** ¿Qué expresión informal o coloquial se usa para presentar a alguien a una tercera persona?

_____

**4.-** Ordenar las palabras para formar frases:

**f)** do to theater how go you the often ?

_____

**g)** you meet pleased to.

_____

**h)** play they the never piano.

_____

*Soluciones:*

**1.- a)** He never plays football; **b)** I often go to the movies; **c)** They are always at home; **d)** We sometimes watch the news; **e)** She is usually at school in the morning. **2.-** How often? **3.-** ......... this is ......... (James, this is William!) **4.- f)** How often do you go to the theater? **g)** Pleased to meet you; **h)** They never play the piano.

43

# unidad 14

## LOS ADJETIVOS (Calificativos)

Los adjetivos se usan para describir personas, animales, cosas, lugares, circunstancias, etc., indicando características de los mismos. Así, pueden indicar color, tamaño, procedencia, peso, aspecto, etc.

She is **tall** / *Ella es alta*

That girl is very **intelligent**
*Esa muchacha es muy inteligente*

Los adjetivos no tienen marca de género ni número, es decir, son invariables para el masculino, femenino, singular y plural.

This car is **expensive**
*Este auto es caro.*

These cars are **expensive**
*Estos autos son caros.*

This house is **expensive**
*Esta casa es cara.*

These houses are **expensive**
*Estas casas son caras.*

Cuando los adjetivos acompañan a un nombre, se colocan delante de él.

It's a **difficult** exercise
*Es un ejercicio difícil*

They are **good** students
*Ellos/as son buenos/as estudiantes*

That **slim** boy is my brother
*Ese muchacho delgado es mi hermano*

## LOS ADVERBIOS DE INTENSIDAD
(Very, quite, pretty)

Los adverbios «**very**» *(muy)*, «**pretty**» *(muy,* y «**quite**» *(bastante)* se colocan delante de adjetivos o de otros adverbios para reforzar su significado.

She cooks **very** well / *Ella cocina muy bien*

The exam is **pretty** difficult
*El examen es muy difícil*

That movie is **quite** interesting
*Esa película es bastante interesante*

Isn't she **pretty** funny?
*¿No es ella muy divertida?*

Hay que tener cuidado y no confundir el adverbio **«pretty»** *(muy)* con el adjetivo **«pretty»** *(linda, bonita)*.

She is **pretty** funny / *Ella es muy divertida*
She is **pretty** /*Ella es guapa*

**VOCABULARIO:**
ADJETIVOS RELATIVOS A LA PERSONALIDAD Y AL ASPECTO FÍSICO

| Personalidad | | Aspecto físico | |
|---|---|---|---|
| **shy** | *tímido* | **young** | *joven* |
| **extroverted** | *extrovertido* | **old** | *viejo* |
| **quiet** | *callado, tranquilo* | **strong** | *fuerte* |
| **talkative** | *hablador* | **weak** | *débil* |
| **nice** | *simpático, agradable* | **tall** | *alto* |
| | | **short** | *bajo* |
| | | **thin, slim** | *delgado* |
| | | **fat, overweight** | *gordo* |
| | | **handsome** | *guapo (hombre)* |

| | | | |
|---|---|---|---|
| **funny** | *divertido* | | |
| **intelligent** | *inteligente* | | |
| **cheerful** | *alegre* | **pretty** | *guapa (mujer)* |
| **absent-minded** | *distraído* | **ugly** | *feo* |

They are very **talkative**
*Ellos son muy habladores.*

We are **tall** and **thin**
*Somos altas y delgadas.*

William is very **funny**
*William es muy divertido.*

Brenda is **pretty** but
she isn't **extroverted**
*Brenda es guapa pero no es extrovertida.*

## DESCRIBIR A ALGUIEN

Para describir a una persona se usan los verbos «**to be like**» y «**to look like**». Estos dos verbos significan *«parecerse a / ser (como)»*, pero «**to be like**» se refiere a la personalidad o al carácter, mientras que «**to look like**» se refiere al parecido físico. Así, para pedir descripciones se usan estas dos preguntas:

**What is** Maggie **like?**
*¿Cómo es Maggie (de carácter)?*

She is <u>shy</u> and <u>quiet</u>
*Ella es tímida y callada.*

**What does** Maggie **look like?**
*¿Cómo es Maggie (físicamente)?*

She is <u>tall</u>, <u>thin</u> and very <u>pretty</u>
*Ella es alta, delgada y muy guapa.*

# Ejercicios

**1.-** Corregir los errores en las siguientes frases.

**a)** They have two blues cars and a red motorbike.

**b)** The girl cheerful is Susan and the girl shy is Laura.

**c)** They are shorts but their brother is tall.

**d)** She is pretty but her cousins are very uglies.

**e)** The exercices are very difficults.

**2.-** ¿Qué adjetivo es el opuesto a .....?

**f)** shy _____
**g)** tall _____
**h)** talkative _____

**3.-** ¿Cómo se pregunta por una descripción física de Michael?

_____

**4.-** ¿Cómo se pregunta por una descripción de la personalidad de Peter?

_____

46

# unidad 15

1 LAS PREPOSICIONES DE TIEMPO («IN», «ON», «AT»)
2 LOS NÚMEROS 11 AL 99 – *Numbers 11-99*
3 PREGUNTAR Y RESPONDER ACERCA DE LA EDAD
4 EJERCICIOS

## LAS PREPOSICIONES DE TIEMPO
### *(In, on, at)*

«**In**», «**on**» y «**at**» son preposiciones muy usadas en expresiones de tiempo.

### IN se usa:

- Con meses, estaciones y años:

The exam is **in** April / *El examen es en abril.*

It's hot **in** summer / *Hace calor en verano.*

He was born **in** 1975 / *Él nació en 1975.*

- Con partes del día:

| | |
|---|---|
| **in** the morning | *por la mañana* |
| **in** the afternoon | *por la tarde* |
| **in** the evening | *por la tarde/noche* |
| pero: **at** night | *por la noche* |

They get up early **in** the morning
*Ellos se levantan temprano por la mañana.*

- Para expresar «dentro de + período de tiempo»:

They will be here **in** two hours
*Estarán aquí dentro de dos horas*

### ON se usa:

I go to the gym **on** Wednesdays
*Voy al gimnasio los miércoles*

My birthday is **on** March, 12th
*Mi cumpleaños es el 12 de marzo*

- Si nos referimos a un día y a una parte de ese día, se usa «on», pero desaparece «in the» delante de la parte del día:

I usually go out **on** Saturday evenings.
*Normalmente salgo los sábados por la noche.*

- En expresiones como «**on** the weekend / **on** weekends» *(el fin de semana/los fines de semana)*

I never work **on** weekends
*Nunca trabajo los fines de semana*

## AT se usa:

### - Al hablar de horas:

I start work **at** 8:00
*Empiezo a trabajar a las 8:00*

They have lunch **at** noon
*Ellos almuerzan al mediodía*

### - Con ciertos períodos de tiempo:

**at** Christmas    *en Navidad*

**at** Easter    *en Semana Santa*

I usually visit my family **at** Christmas
*Normalmente visito a mi familia en Navidad*

## VOCABULARIO:
### LOS NÚMEROS 11 a 99 / *Numbers 11-99*

| | |
|---|---|
| **11** eleven | **21** twenty-one |
| **12** twelve | **22** twenty-two |
| **13** thirteen | **30** thirty |
| **14** fourteen | **40** forty |
| **15** fifteen | **50** fifty |
| **16** sixteen | **60** sixty |
| **17** seventeen | **70** seventy |
| **18** eighteen | **80** eighty |
| **19** nineteen | **90** ninety |
| **20** twenty | **99** ninety-nine |

A partir del número 21, entre las decenas y las unidades siempre aparece un guión.

## PREGUNTAR Y RESPONDER ACERCA DE LA EDAD

Para preguntar la edad de alguien usamos **«How old?»** (*¿qué edad?*) y el **verbo «to be»**:

How old <u>**are**</u> **you?**
*¿Qué edad tienes?*

How old <u>**is**</u> **your mother?**
*¿Qué edad tiene tu madre?*

### Para responder:

I <u>**am**</u> twenty-seven (years old)
*Tengo 27 años*

My mother <u>**is**</u> fifty-nine (years old)
*Mi madre tiene 59 años*

# Ejercicios

**1.-** Completar con «in», «on» y «at» donde sea necesario.

**a)** The exam is _____ 9 o'clock _____ the morning.

**b)** She never works _____ weekends.

**c)** My grandmother was born _____ 1912.

**d)** I go out with my friends _____ Sunday _____ evenings.

**e)** They are on vacation _____ Easter.

**2.-** ¿Cómo le preguntas a Leo qué edad tiene Lucy?

_____

**3.-** Relacionar:

| | | |
|---|---|---|
| **g)** | 40 | seventeen |
| **h)** | 14 | forty |
| **i)** | 71 | seventy-one |
| **j)** | 17 | fourteen |

*Soluciones:*
**1.- a)** at, in; **b)** on; **c)** in;
**d)** on, -; **e)** at. **2.-** Leo,
how old is Lucy?
**3.- g)** 40-forty; **h)** 14-
fourteen; **i)** 71-seventy-one;
**j)** 17-seventeen.

1 PREGUNTAR Y RESPONDER
ACERCA DE LA HORA
2 EJERCICIOS

## PREGUNTAR Y RESPONDER ACERCA DE LA HORA

Para preguntar la hora decimos:

**What time is it?**
**What's the time?** } *¿Qué hora es?*

Y para responder a esta pregunta, podemos decir:

It's twenty after two
*(Son las dos y veinte).*

Como vemos en el ejemplo, primero expresamos los minutos y luego las horas. Entre los minutos y las horas usaremos **«after»**, si el minutero está entre las 12 y las 6, o **«to»**, si el minutero está entre las 6 y las 12, es decir, **«after»** corresponde a «y» y **«to»** corresponde a «menos».

49

**La forma completa es:**
It's + minutos + **after / to** + hora

01:10   It's ten **after** one
*Es la una y diez.*

03:55   It's five **to** four
*Son las cuatro **menos** cinco.*

---

**Para marcar las horas en punto:**
It's + hora + **o'clock**

02:00   It's two **o'clock**
*Son las dos en punto*

09:00   It's nine **o'clock**
*Son las nueve en punto*

---

**Para marcar las horas y media:**
It's + **half past** + hora

11:30   It's **half past** eleven
*Son las once y media*

04:30   It's **half past** four
*Son las cuatro y media*

---

**Para marcar los cuartos:**
It's + **a quarter** + **after / to** + hora

08:15   It's **a quarter after** eight
*Son las ocho y cuarto*

02:45   It's **a quarter to** three
*Son las tres menos cuarto*

Al decir la hora de esta manera, usaremos «am» (/ei em/) desde las 12 de la noche hasta las 12 del mediodía y «pm» (/pi em/) desde las 12 del mediodía hasta las 12 de la noche, para evitar ambigüedades.

It's twenty-five to five **am**
*Son las 5 menos 25 de la mañana*

It's twenty-five to five **pm**
*Son las 5 menos 25 de la tarde*

---

En algunos países de lengua inglesa se utiliza «past» en lugar de «after»:

07:20   It's twenty **past** seven
*Son las siete y veinte*

---

Pero las horas también pueden decirse como aparecen en relojes digitales, o sea, diciendo la hora y luego los minutos, sin que aparezca nada entre ambos.

02:15   It's two fifteen
*Son las dos quince.*

06:55   It's six fifty-five
*Son las seis cincuenta y cinco.*

09:30   It's nine thirty
*Son las nueve treinta.*

Cuando queramos expresar exactitud
en una hora, usaremos **«sharp»**:

The office opens at nine o'clock **sharp**.
*La oficina abre exactamente a las nueve.*

De esta manera podemos preguntar
y decir la hora, así como la hora en que
tiene lugar algún evento o acción. En este
caso, aparece la preposición **«at»** *(a las).*

What time is it? It's twenty-five to six.

*¿Qué hora es? Son las seis*

*menos veinticinco*

What time is the concert?

It's **at** nine o'clock.

*¿A qué hora es el concierto?*

*Es a las nueve en punto.*

What time do you get up?

I get up **at** seven thirty.

*¿A qué hora te levantas?*

*Me levanto a las siete y media.*

The lesson is **at** a quarter after four.

*La clase es a las cuatro y cuarto.*

# Ejercicios

**1.-** Marcar la hora en el reloj.

 **a)** It's a quarter to six.

 **b)** It's twenty after twelve.

 **c)** It's half past two.

 **d)** It's five to eleven.

 **e)** It's eight o'clock.

 **f)** It's seven fifteen

 **g)** It's ten forty

**2.-** Completa con la palabra correcta

**h)** 11:35. It's twenty-five _____ twelve.

**i)** 09:05. It's five_____ nine.

**j)** 05:30. It's half _____ five.

51

# unidad 17

**contenido**

1 EL PLURAL DE LOS SUSTANTIVOS
2 SALUDOS (II) – *Greetings*
3 EJERCICIOS

## EL PLURAL DE LOS SUSTANTIVOS

El plural de los nombres contables puede formarse de distintas maneras:

**a)** Como regla general, el plural del sustantivo se forma añadiendo una «**s**» al sustantivo en singular.

house – house**s**

*casa - casas*

car – car**s**

*auto – autos*

**b)** Los nombres acabados en **s**, **sh**, **ch**, **x** y **z**, forman el plural añadiendo «**es**»:

bus – bus**es**

*autobús – autobuses*

dish – dish**es**

*plato – platos*

match – match**es**

*cerilla – cerillas*

fox – fox**es**

*zorro – zorros*

buzz – buzz**es**

*zumbido – zumbidos*

**c)** Los nombres que acaban en «**y**» forman el plural de la siguiente manera:

- Si la «**y**» va precedida de una consonante, se convierte en «**i**» y se añade «**es**»:

party – part**ies**

*fiesta - fiestas*

city – cit**ies**

*ciudad – ciudades*

- Si la «**y**» va precedida de una vocal, sólo se le añade «**s**»:

day – day**s**

*día – días*

boy – boy**s**

*chico – chicos*

**d)** Si el nombre acaba en «**f**» o «**fe**», en el plural estas letras cambian a «**ves**»:

leaf – lea**ves**

*hoja – hojas*

knife – kni**ves**

*cuchillo – cuchillos*

calf – cal**ves**

*pantorrilla - pantorrillas*

**e)** Cuando el nombre acaba en «**o**», la regla general es añadir «**es**» en plural:

| | |
|---|---|
| hero – hero**es** | |
| *héroe – héroes* | |
| potato – potato**es** | |
| *patata – patatas* | |

Pero algunas palabras no siguen esta norma:

| | |
|---|---|
| photo – photo**s** | |
| *foto – fotos* | |
| piano – piano**s** | |
| *piano - pianos* | |

**f)** Hay otros sustantivos que forman el plural de manera irregular:

| | |
|---|---|
| man – **men** | |
| *hombre – hombres* | |
| woman – **women** | |
| *mujer – mujeres* | |
| child – **children** | |
| *niño – niños* | |
| foot – **feet** | |
| *pie – pies* | |
| tooth – **teeth** | |
| *diente – dientes* | |
| mouse – **mice** | |
| *ratón – ratones* | |
| sheep – **sheep** | |
| *oveja – ovejas* | |
| fish – **fish** | |
| *pez – peces (pescado – pescados)* | |

Hay que prestar atención a la palabra «**people**». Aunque a veces pueda significar «gente», que es un sustantivo incontable en español, en inglés es el plural de «**person**» y, por lo tanto, contable.

| |
|---|
| a person |
| *una persona* |
| two **people** / two persons |
| *dos personas* |

**g)** Algunos sustantivos solo tienen forma plural y, para singularizarlos, se usa la expresión «**a pair of**» delante de ellos.

| |
|---|
| scissors |
| *tijeras* |
| **a pair of** scissors |
| *una tijera* |

| |
|---|
| jeans |
| *pantalones tejanos* |
| **a pair of** jeans |
| *un pantalón tejano* |

## VOCABULARIO:
### SALUDOS II – *Greetings*

En las unidades 1 y 2 aparecen distintas fórmulas de saludos y despedidas, que ampliamos con las siguientes.

Al saludarse:

**How is it going?**
*¿Cómo va todo?, ¿Qué tal?*

**Are you all right?**
*¿Todo bien?*

**What's new (with you)?**
*¿Qué hay de nuevo?*

**It's nice to see you again**
*Me alegro de verte otra vez*

Y podemos responder:

**(I'm doing) well, thanks.**
*Bien, gracias.*

**(It's going) ok, thank you.**
*Bien, gracias.*

**Not too bad.**
*No estoy mal*

**Great! Thank you.**
*¡Fenomenal! Gracias.*

Para despedirse, se pueden utilizar:

**Have a nice day!**
*¡Que tengas un buen día!*

**Have a nice weekend!**
*¡Que pases un buen fin de semana!*

**Till next time!**
*¡Hasta la próxima!*

---

# Ejercicios

**1.-** ¿Cuál es el plural de los siguientes sustantivos?

**a)** beach _____

**b)** foot _____

**c)** dress _____

**d)** girl _____

**e)** box _____

**f)** knife _____

**2.-** ¿Cómo desea un buen día a modo de despedida?

_____

**3.-** Ordenar las siguientes palabras para formar dos frases de un diálogo.

**g)** going how it is ?

_____

**h)** you fine thank

_____

# unidad 18

## contenido

1 LA FORMA IMPERSONAL «HAY»
2 EXPRESIONES ÚTILES - *Useful expressions*
3 EXPRESIONES DE FRECUENCIA
4 EJERCICIOS

## LA FORMA IMPERSONAL «HAY»

La expresión impersonal **«hay»** equivale a las formas **«there is»** y **«there are»**.

- **«There is»** se utiliza con **nombres incontables o nombres contables en singular** y se puede contraer en **«there's»**:

**There's** some milk in the glass
*Hay leche en el vaso.*

**There is** a church on Galven Street
*Hay una iglesia en la calle Galven.*

- **«There are»** se usa con **nombres contables en plural** y no se puede contraer:

**There are** two shops near my house
*Hay dos tiendas cerca de mi casa.*

- En negaciones se usan **«there isn't (there is not)»** y **«there aren't (there are not)»**:

**There isn't** a bank there
*No hay un banco allí*

**There aren't** three hotels in the city
*No hay tres hoteles en la ciudad.*

- Para realizar preguntas se invierte el orden:
**Is there...?, Are there ...?**

**Is there** a post office near here?
*¿Hay una oficina de correos cerca de aquí?*

**Are there** any music stores?
*¿Hay tiendas de música?*

- Las preguntas anteriores se pueden responder afirmativa y negativamente, de forma corta:

Is there a post office near here?
**Yes, there is.**
*¿Hay una oficina de correos cerca de aquí? Sí, la hay.*

Are there any music stores?
**No, there aren't.**
*¿Hay tiendas de música? No, no hay.*

## VOCABULARIO:
### EXPRESIONES ÚTILES - *Useful expressions*

- Cuando se solicita alguna cosa, se suele acompañar de «**please**» (*por favor*).

  Ex: Show me your card, **please**
  *Muéstreme su tarjeta, por favor.*

- Si no se entiende algo que nos dicen, podemos utilizar «**Excuse me?**» (*¿Cómo?*), «**Pardon?**» (*¿Perdón?*), o simplemente, «**What?**» (*¿Qué?*) y así pedimos que nos lo repitan.

- Para pedir disculpas por algo: «**Sorry**» o «**I'm sorry**» (*Lo siento / perdón / disculpe*).

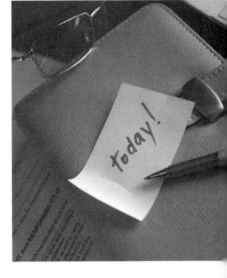

Para referirse a la frecuencia en un período de tiempo determinado, se usan las expresiones anteriores, acompañadas del artículo «a» y el período de tiempo.

## EXPRESIONES DE FRECUENCIA

En la unidad 13 se tratan los adverbios de frecuencia, pero otra forma de expresar la cantidad de veces que tiene lugar una acción es usando:

**once** / *una vez*

**twice** / *dos veces*

**three times** / *tres veces*

A partir de «three times», siempre se usa el número y la palabra «times» *(veces)*.

**once** / *una vez*

**twice** / *dos veces*

**five times** / *cinco veces*

**a**
*al / a la*

**day** / *día*

**week** / *la semana*

**month** / *mes*

**year...** / *año...*

He washes his teeth **three times a day**
*Él se lava los dientes tres veces al día.*

I go to the gym **twice a week**
*Voy al gimnasio dos veces a la semana.*

## Ejercicios

**1.-** Completar las frases con «there is» o «there are» de forma afirmativa (+), negativa (-) o interrogativa (?).

**a)** _____ a bank in this village?

**b)** _____ any people. (-)

**c)** _____ a table in the kitchen. (+)

**d)** _____ any books on the shelf?

**e)** _____ any water. (-)

**f)** _____ three pictures on the wall (+)

**2.-** ¿Cómo se dice en inglés...?

**g)** Una vez al año

_____

**h)** Cinco veces a la semana

_____

**i)** Dos veces al día

_____

**3.-** ¿Qué tres formas conocemos para pedir que nos repitan una información?

_____

_____

_____

# unidad 19

## EL PRONOMBRE INTERROGATIVO «WHICH»

«**Which**» es un pronombre interrogativo con un significado similar a «**what**», es decir, equivale a «*qué*» o «*cuál, cuáles*», pero difieren en que «**what**» se usa en la pregunta cuando existen muchas posibles respuestas, mientras que «**which**» se utiliza cuando el número de respuestas está bastante limitado.

**What**'s your name?
*¿Cuál es tu nombre?*
*(Hay muchas posibles respuestas)*

**Which** is your name,
Sarah or Sandra?
*¿Cuál es tu nombre,*
*Sarah o Sandra?*

**Which** is your bedroom?
*¿Cuál es tu dormitorio? (Sólo hay dos).*

57

## UBICACIÓN DE LAS COSAS: PREPOSICIONES DE LUGAR

Estas expresiones se utilizan para describir la localización de un objeto.

Entre ellas están:

| | |
|---|---|
| **near** | cerca de |
| **far (from)** | lejos (de) |
| **next to** | junto a |
| **beside** | al lado de |
| **behind** | detrás de |
| **in front of** | delante de |
| **between** | entre (dos) |
| **among** | entre (más de dos) |
| **across from** | enfrente de |
| **under** | debajo de |
| **above, over** | (por) encima de |

Her house is **near** the school
*Su casa está cerca de la escuela.*

I live **far from** you
*Yo vivo lejos de ti.*

The shop is **next to** the bank
*La tienda está junto al banco.*

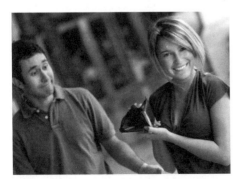

The glass is **beside** the bottle
*El vaso está al lado de la botella.*

The dog is **behind** the door
*El perro está detrás de la puerta.*

Peter's car is **in front of** his house
*El auto de Peter está delante de su casa.*

The bedroom is **between** the kitchen and the bathroom.
*El dormitorio está entre la cocina y el cuarto de baño.*

Dorothy is **among** those people
*Dorothy está entre esas personas.*

There's a gym **across from** the supermarket
*Hay un gimnasio en frente del supermercado.*

The ball is **under** the table
*La pelota está debajo de la mesa.*

There's a plane **over** the city
*Hay un avión sobre la ciudad.*

## VOCABULARIO:
### LA CASA – *The house*

| | |
|---|---|
| **house** | *casa* |
| **home** | *casa, hogar* |
| **apartment** | *apartamento, piso* |
| **apartment house** | *bloque de pisos* |

| **Rooms** | *Habitaciones* |
|---|---|
| **living-room** | *sala de estar* |
| **dining-room** | *comedor* |
| **bedroom** | *dormitorio* |
| **kitchen** | *cocina* |
| **study** | *despacho* |
| **bathroom** | *cuarto de baño* |
| **laundry room** | *lavadero* |
| **hallway** | *pasillo* |

He lives in an **apartment house**.
His **apartment** is big. It has four **bedrooms**,
two **bathrooms**, a **living-room**,
a **dining-room**, a huge **kitchen**,
a **laundry room** and a very long **hallway**.

*Él vive en un bloque de pisos. Su piso
es grande. Tiene cuatro dormitorios,
dos cuartos de baño, un salón, un
comedor, una cocina enorme,
un lavadero y un pasillo muy largo.*

# Ejercicios

**1.-** Rellenar los espacios con «what» o «which».

**a)** _____ restaurant do you prefer?

**b)** _____ restaurant do you prefer, Pepe's or Arena?

**c)** _____ sport do you play?

---

**2.-** Elegir la preposición adecuada.

**d)** London is _____ San Francisco.
*(near, far from, next to)*

**e)** The dining-room is _____ the kitchen.
*(across from, between, among)*

**f)** Is there a bridge _____ the river?
*(under, behind, over)*

**g)** Susan is _____ John and George.
*(among, between, above)*

**h)** The wall is _____ the picture.
*(in front of, far from, behind)*

---

**3.-** ¿En qué habitación podemos tomar una ducha?
In the _____

---

**4.-** ¿En qué habitación cocinamos?
In the _____

*Soluciones:*
**1.- a)** What; **b)** Which;
**c)** What. **2.- d)** far
from; **e)** across from;
**f)** over; **g)** between;
**h)** behind. **3.-** bathroom. **4.-** kitchen.

59

## NOMBRES CONTABLES E INCONTABLES

- Los nombres contables son aquellos que se pueden contar (pueden llevar delante un número) y, por lo tanto, tienen plural.

| | |
|---|---|
| a **book** | un libro |
| six **houses** | seis casas |
| four **flowers** | cuatro flores |
| three **oranges** | tres naranjas |
| two **cities** | dos ciudades |
| eleven **people** | once personas |

- Los nombres incontables son aquellos que no se pueden contar, por lo que no tienen forma plural. Entre ellos están los nombres de líquidos, gases, materiales y sustancias en general, nombres abstractos, cualidades, etc.

| | |
|---|---|
| **rice** | arroz |
| **water** | agua |
| **air** | aire |
| **bread** | pan |
| **sugar** | azúcar |
| **money** | dinero |
| **love** | amor |
| **oil** | aceite, petróleo |

Los nombres incontables hacen conjugar al verbo en 3ª persona de singular (como *he, she* o *it*):

Olive oil **is** expensive but healthy.
*El aceite de oliva es caro pero saludable.*

There **is** some sugar on the table
*Hay azúcar en la mesa.*

Algunos se pueden contabilizar por medio de otras expresiones:

water – **two glasses of** water
*agua – dos vasos de agua*

shampoo – **a bottle of** shampoo
*champú – una botella de champú*

## USO DE «SOME» Y «ANY»

«**Some**» y «**any**» son adverbios que nos indican la cantidad de alguna cosa.

### SOME se utiliza en frases afirmativas.

- Con nombres incontables indica «*algo*»:

There is **some** water in the glass
*Hay (algo de) agua en el vaso.*

- Delante de nombres contables equivale a «*algunos/as*»:

There are **some** eggs in the fridge
*Hay (algunos) huevos en la nevera.*

## ANY se usa en frases negativas y preguntas.

### - En frases negativas:

- Delante de nombres incontables equivale a «*nada*»:

There isn't **any** sugar for the cake
*No hay (nada de) azúcar para el pastel*

- Ante sustantivos contables significa «*ningún/a*»:

There aren't **any** pencils in the shop
*No hay lápices (ningún lápiz) en la tienda.*

### - En preguntas:

- Delante de nombres incontables equivale a «*algo*»:

Is there **any** money in that piggy bank?
*¿Hay (algo de) dinero en esa hucha?*

- Ante sustantivos contables significa «*algunos/as*»:

Are there **any** pictures on the walls?
*¿Hay (algunos) cuadros en las paredes?*

Hay que tener en cuenta que, aunque en español no aparezcan, en inglés sí que hay que usar **some** o **any** en los casos citados.

### Particularidades:

**«Some»** también puede aparecer en preguntas, pero únicamente cuando se pide o se ofrece algo y se espera una respuesta afirmativa:

Can I have **some** salt for the steak, please?
*¿Me puede dar sal para el filete, por favor?*

Would you like **some** wine?
*¿Quiere vino?*

**«Any»** también puede ser usado en oraciones afirmativas, pero en este caso, equivale a «*cualquier/a*».

**Any** person can speak English.
*Cualquier persona puede hablar inglés.*

61

# Ejercicios

**1.-** Completar los espacios con «some» o «any».

**a)** There are _____ letters for you.

**b)** Is there _____ milk in the bottle?

**c)** I live near _____ shops.

**d)** She doesn't have _____ potatoes.

**e)** Are there _____ books on the shelf?

**f)** I speak _____ languages.

**2.-** ¿Son estos nombres contables o incontables?

**g)** bedroom _____

**h)** air _____

**i)** problem _____

**j)** beer _____

## AUSENCIA DE ARTÍCULO

En español, el artículo determinado es más frecuente que en inglés. Aprendamos los casos en los que en inglés no se utiliza el artículo, aunque sí aparezca en español.

### No se utiliza artículo:

- Al referirnos a un nombre de manera general:

**Money** is important / *El dinero es importante.*

**Cats** are nice animals
*Los gatos son animales bonitos.*

- Con los días de la semana y las estaciones del año:

The classes are **on Mondays**
*Las clases son los lunes.*

It usually snows **in winter**
*Normalmente nieva en (el) invierno.*

- Con la hora:

**It's seven** o'clock / *Son <u>las</u> siete en punto.*

The match is **at 05:30** / *El partido es a <u>las</u> 05:30.*

- Con asignaturas o materias académicas:

I like **geography**
*Me gusta <u>la</u> geografía.*

- En algunas expresiones:

**watch television**:

*ver <u>la</u> televisión*

**have breakfast**:

*desayunar (tomar <u>el</u> desayuno)*

**have lunch**:

*almorzar (tomar <u>el</u> almuerzo)*

**have dinner**:

*cenar (tomar <u>la</u> cena)*

They never **watch television**
*Ellos nunca ven la televisión.*

She always **has breakfast** at 8
*Ella siempre desayuna a las 8.*

- Cuando el verbo «to play» significa «*jugar*» no se usa «the» junto al juego o deporte, pero si significa «*tocar*» *(música)*, el artículo sí aparece junto al instrumento:

I never **play baseball**
*Nunca juego al béisbol*

He **plays <u>the</u> guitar** in a band
*Él toca la guitarra en una banda*

- Ante una persona con título o tratamiento:

**Mr. Smith** *(<u>el</u> Sr. Smith)*

**President Sánchez**
*(<u>el</u> presidente Sánchez)*

**Mrs. Martin** is tall and pretty
*La Sra. Martin es alta y bonita*

63

# VOCABULARIO:
## EN LA SALA DE ESTAR / *In the living-room*

| | |
|---|---|
| **carpet** | *alfombra* |
| **cushion** | *cojín* |
| **bookcase** | *librería, estantería* |
| **fireplace** | *chimenea* |
| **picture** | *cuadro* |
| **vase** | *jarrón* |
| **lamp** | *lámpara* |
| **table** | *mesa* |
| **chair** | *silla* |
| **armchair** | *sillón* |
| **couch** | *sofá* |
| **drapes** | *cortinas* |
| **television (set)** | *televisor* |
| **radiator** | *radiador* |
| **furniture** | *muebles* |
| **door** | *puerta* |
| **window** | *ventana* |
| **ceiling** | *techo* |
| **wall** | *pared* |
| **floor** | *suelo* |

There are two **bedrooms** in this house
*Hay dos dormitorios en esta casa.*

There is a **picture** near the **fireplace**
*Hay un cuadro cerca de la chimenea.*

Is there a **radiator** behind the **drapes**?
*¿Hay un radiador detrás de las cortinas?*

**Carpets** are warm in winter
*Las alfombras son cálidas en invierno.*

What does «**cushion**» mean?
*¿Qué significa «cushion»?*

## PREGUNTAR POR SIGNIFICADOS

Para preguntar por el significado
de una palabra usamos el verbo
«**to mean**» *(significar)*.

- What does «clothes» **mean**?
*¿Qué significa «clothes»?*

- «Clothes» **means** «ropa»
*«Clothes» significa «ropa».*

Aunque también podemos
usar la siguiente pregunta:

**What's the meaning of** «clothes»?
*¿Cuál es el significado de «clothes»?*

64

## Ejercicios

**1.-** Usar «the», «a/an» o dejar el espacio en blanco.

**a)** I don't like _____ chocolate.

**b)** She lives in _____ apartment house.

**c)** _____ Spanish people are friendly.

**d)** They never play _____ soccer.

**e)** _____ classical music is relaxing.

**2.-** Rellenar los espacios con las palabras correspondientes.

**f)** What _____ «armchair» _____ ?

It means «sillón».

**3.-** Completar los espacios con letras para formar palabras relacionadas con la sala de estar.

**g)** C _ U _ H

**h)** _ I _ E _ L _ C _

**i)** C _ R _ E _

**j)** _ O _ K _ A _ E

*Soluciones:*
**1.- a)** :-; **b)** :-; **c)** an; **d)** :-;
**e)** :-. **2.- f)** What does
«armchair» mean? It
means «sillón».
**3.- g)** COUCH; **h)** FIREPLACE;
**i)** CARPET; **j)** BOOKCASE

### VERBOS MODALES

Los verbos modales son una categoría de verbos que tienen unas características peculiares.

### Así:

**a)** Todos ellos son auxiliares, por lo que no necesitan de otro auxiliar para negaciones ni preguntas.

**b)** Tienen una forma invariable para todas las personas, es decir, los que se usan en presente, no añaden una «s» para la 3ª persona en singular.

**c)** Acompañan a infinitivos de otros verbos, pero no admiten la partícula «to» ni delante ni detrás de ellos.

**d)** Se usan para expresar posibilidad, necesidad, obligación, permiso, etc.

Los verbos modales son:

| |
|---|
| **can** |
| **could** |
| **may** |
| **might** |
| **shall** |
| **should** |
| **will** |
| **would** |
| **must** |

I **can** <u>play</u> tennis
*Yo puedo / sé jugar al tenis.*

She **can** <u>close</u> the door
*Ella puede cerrar la puerta.*

They **can** <u>speak</u> English
*Ellos pueden / saben hablar inglés.*

En diferentes unidades se mostrarán en detalle los usos de estos verbos modales. En ésta trataremos el verbo «can».

## EL VERBO «CAN»

El verbo «**can**» (*poder*) es un verbo modal que usamos para expresar <u>posibilidad</u> o <u>habilidad</u> para hacer algo (por lo que también equivale a «*saber*»).
«**Can**» se utiliza delante de un infinitivo (sin «to») y tiene una forma invariable para todas las personas, es decir, en presente, no añade «-s» en tercera persona.

La forma negativa de «can» es «can not», «cannot», o, la más usada, «**can't**».

He **can't** come to my house
*Él no puede venir a mi casa*

We **can't** drive
*No podemos / sabemos conducir*

Al tratarse de un verbo auxiliar, en preguntas invierte el orden con el sujeto.

**Can** <u>you</u> buy the newspaper?
*¿Puedes comprar el periódico?*

What **can** <u>we</u> do? / *¿Qué podemos hacer?*

Where **can** <u>you</u> get the tickets?
*¿Dónde podéis conseguir las entradas?*

Si la pregunta empieza con «can», la respuesta puede ser corta.

Can you swim? **Yes, I can**
*¿Sabes nadar? Sí.*

Can he send an email? **No, he can't**
*¿Puede él mandar un correo electrónico? No.*

«**Can**» también se utiliza para <u>pedir</u> y <u>dar permiso</u>.

**Can** I open the window?
*¿Puedo abrir la ventana?*

You **can** drive my car
*Puedes conducir mi auto*

## VOCABULARIO:
### EN EL COMEDOR - *In the dining-room*

| | |
|---|---|
| **tablecloth** | *mantel* |
| **dish, plate** | *plato* |
| **spoon** | *cuchara* |
| **fork** | *tenedor* |
| **knife** | *cuchillo* |
| **glass** | *vaso* |
| **cup** | *copa, taza* |
| **napkin** | *servilleta* |
| **jug** | *jarra* |
| **tray** | *bandeja* |
| **coffeepot** | *cafetera* |
| **teapot** | *tetera* |
| **tea spoon** | *cucharilla* |
| **saucer** | *platillo* |
| **sugar bowl** | *azucarero* |
| **salt shaker** | *salero* |
| **bottle opener** | *abrebotellas* |
| **corkscrew** | *sacacorchos* |

### PEDIR QUE SE REPITA UNA INFORMACIÓN

Para pedir informalmente que alguien nos repita algo, hacemos uso de los verbos «can» y «to repeat».

**Can you repeat** that, please?
*¿Puedes repetir eso, por favor?*

**Can you repeat** your name, please?
*¿Puedes repetir tu nombre, por favor?*

# Ejercicios

**1.-** Corregir los errores, si es necesario.

**a)** My mother cans cook very well.

_____

**b)** He can't uses the computer.

_____

**c)** Can you pass me the salt, please?

_____

**d)** They can't to open the bottle.

_____

**e)** Can Olga to buy a tablecloth?

_____

**2.-** ¿Qué pregunta se hace para pedir que nos repitan algo?

_____

_____

**3.-** ¿Qué utensilio se usa para...?

**f)** cortar pan _____

**g)** limpiarse en la mesa _____

**h)** contener azúcar _____

**i)** servir el café_____

67

# unidad 23

1 CUANTIFICADORES: MUCH, MANY, A LOT OF, (A) LITTLE, (A) FEW
2 PREGUNTAR POR CANTIDADES: «HOW MUCH» Y «HOW MANY»
3 COMIDA Y BEBIDA – *Food and drink*
4 EJERCICIOS

## CUANTIFICADORES: MUCH, MANY, A LOT OF, (A) LITTLE, (A) FEW

**a)** Para expresar gran cantidad de alguna cosa se usan los adverbios «**much**», «**many**» y «**a lot of**».

**much + nombre incontable**
*mucho/a*

**many + nombre contable**
*muchos/as*

**a lot of + nombre contable o incontable**
*mucho/a/os/as*

«**A lot of**» se utiliza en <u>frases afirmativas</u>, mientras que «**much**» y «**many**» se usan en <u>frases negativas y preguntas</u>. [«Many» puede aparecer en algunas frases afirmativas].

I have **a lot of** books
*Tengo muchos libros*

She doesn't have **much** money
*Ella no tiene mucho dinero.*

Are there **many** pupils in the classroom?
*¿Hay muchos alumnos en la clase?*

**b)** Para expresar poca o pequeña cantidad de alguna cosa, se usan «**little**» y «**few**».

**little + nombre incontable**
*poco/a*

**few + nombre contable**
*pocos/as*

Tanto «**little**» como «**few**» se pueden usar en <u>frases afirmativas, negativas e interrogativas.</u>

There is **little** sugar for the cake
*Hay poco azúcar para el pastel*

Are there **few** hamburgers?
*¿Hay pocas hamburguesas?*

En estos ejemplos, la cantidad (de azúcar o de hamburguesas) es pequeña y, además, insuficiente. Para expresar que una cantidad es pequeña pero suficiente, se hace uso de «**a little**» *(un/a poco/a)* y «**a few**» *(unos/as pocos/as).*

There is **a little** sugar for the cake
*Hay un poco de azúcar para el pastel.*

Are there **a few** hamburgers?
*¿Hay unas pocas hamburguesas?*

## Otros ejemplos:

I have **little** money
*Tengo poco dinero*

VS

I have **a little** money
*Tengo un poco de dinero*

---

She has **few** dollars
*Ella tiene pocos dólares*

VS

She has **a few** dollars
*Ella tiene unos pocos dólares*

---

Para preguntar por cantidades se utilizan:

«**How much?**» / (*¿Cuánto/a?*),
si se trata de un **nombre incontable**.

«**How many?**» / (*¿Cuántos/as?*),
si se trata de un **nombre contable**.

Estas expresiones suelen ir seguidas de dichos nombres y del resto de la frase.

**How much** <u>milk</u> is there in the fridge?
There is little milk.
*¿Cuánta leche hay en la nevera?*
*Hay poca leche.*

**How many** <u>cakes</u> are there on the table?
There are a lot of cakes.
*¿Cuántos pasteles hay en la mesa?*
*Hay muchos pasteles.*

«**How much?**» se utiliza también para preguntar precios. Para ello se suele usar con el verbo «**to be**», que en este caso equivale a «*costar*».

**How much** <u>is</u> the beer?
*¿Cuánto cuesta la cerveza?*

**How much** <u>are</u> the apples?
*¿Cuánto cuestan las manzanas?*

| | |
|---|---|
| **food:** | *comida* |
| **vegetables:** | *verduras* |
| **fruit:** | *fruta* |
| **meat:** | *carne* |
| **fish:** | *pescado* |
| **cake:** | *pastel* |
| **bread:** | *pan* |
| **pasta:** | *pasta* |
| **egg:** | *huevo* |
| **ice cream:** | *helado* |
| **hot dog:** | *perrito caliente* |
| **hamburger:** | *hamburguesa* |

| | |
|---|---|
| **drinks:** | *bebidas* |
| **beer:** | *cerveza* |
| **wine:** | *vino* |
| **coffee:** | *café* |
| **juice:** | *zumo* |
| **lemonade:** | *limonada* |
| **tea:** | *té* |
| **milk:** | *leche* |
| **milk shake:** | *batido* |
| **water:** | *agua* |
| **soft drink:** | *refresco* |
| **coke:** | *cola (refresco)* |

# Ejercicios

**1.-** Completar con «much», «many» o «a lot of».

**a)** How _____ teachers do you have?

**b)** Are there _____ statues in the museum?

**c)** There are 10 litres of juice. That's _____ juice for you.

**d)** There isn't _____ coffee in the kitchen.

**2.-** Usar «little» o «few».

**e)** My friends have three children and _____ time to relax.

**f)** Only _____ people can answer that question.

**g)** We need a _____ bread for the sandwich.

**h)** There is a _____ water in the glass.

**3.-** Preguntar el precio de:

**i)** that picture _____

**j)** the hot dogs _____

## EL GERUNDIO

El gerundio tiene distintas funciones en inglés. Una de ellas es que forma parte de los tiempos continuos. Equivale en español a las formas acabadas en «-ando» e «-iendo» (saltando, corriendo, etc.). Como regla general, se forma añadiendo «**-ing**» al infinitivo del verbo, aunque a veces se producen ligeros cambios, que se tratan a continuación.

**a)** La regla general es «infinitivo + ing»:

**learn + ing = learning**
*(aprender – aprendiendo)*

**b)** Si el infinitivo acaba en «e» muda, ésta desaparece al añadir «ing»:

**come + ing = coming**
*(venir – viniendo)*

**c)** Si el infinitivo acaba en «e» sonora, ésta no desaparece:

**see + ing = seeing**
*(ver – viendo)*

**d)** Si el infinitivo acaba en «ie», estas vocales cambian a «y» antes de agregar «ing»:

**lie + ing = lying**
*(mentir – mintiendo)*

**e)** Si el infinitivo acaba en «y», ésta permanece y se añade «ing»:

**study + ing = studying**
*(estudiar - estudiando)*

**f)** Si el infinitivo acaba en la sucesión «consonante-vocal-consonante» y la última sílaba del mismo es la acentuada, la última consonante se duplica antes de añadir «ing»:

**cut + ing = cutting**
*(cortar – cortando)*

## USOS DEL GERUNDIO

El gerundio se utiliza:

**a)** Para formar los tiempos continuos de los verbos (que se tratan en posteriores unidades).

I am **learning** English
*Estoy aprendiendo inglés.*

Is she **sleeping**?
*¿Está ella durmiendo?*

**b)** Cuando el sujeto de una frase es un verbo.

**Studying** languages is interesting.
*Estudiar idomas es interesante.*

**Driving** fast can be dangerous
*Conducir rápido puede ser peligroso.*

**c)** Cuando un verbo funciona como complemento del verbo «to be».

My objective is **passing** the test.
*Mi objetivo es aprobar el examen.*

Your problem is **speaking** in public.
*Tu problema es hablar en público.*

**d)** Detrás de una serie de verbos, entre los que destacan«to like» *(gustar)*, «to love» *(encantar)*, «to prefer» *(preferir)*, «to hate» *(odiar)*, etc.

She <u>likes</u> **dancing**
*A ella le gusta bailar.*

My brother <u>hates</u> **getting up** early.
*Mi hermano odia levantarse temprano.*

**e)** Detrás de cualquier preposición (excepto «to», aunque hay unos pocos casos en los que se usa detrás de esta preposición).

I am thinking <u>about</u> **selling** my car
*Estoy pensando en vender mi auto*

Are you good <u>at</u> **playing** chess?
*¿Eres bueno jugando al ajedrez?*

Thank you <u>for</u> **coming**
*Gracias por venir*

Hay otras funciones del gerundio (modificador, adjetivo, etc.) que serán tratadas en diferentes unidades.

# Ejercicios

**1.-** ¿Cuál es el gerundio de los siguientes verbos?

**a)** to have

**b)** to run

**c)** to be

**d)** to fly

**e)** to listen

**2.-** Completar los espacios con el gerundio de alguno de los verbos siguientes: listen, speak, do, live, travel, go.

**f)** William's parents are _____ in a small city, near the forest.

**g)** _____ exercise is good for your health.

**h)** Peter is interested in _____ to Japan.

**i)** My friends love _____ to classical music before _____ to bed.

**j)** She can't hear you because she's _____ on the telephone.

*Soluciones:*

**1.- a)** having;
**b)** running; **c)** being;
**d)** flying; **e)** listening.
**2.- f)** living; **g)** doing; **h)** traveling;
**i)** listening, going; **j)** speaking.

---

# unidad 25

contenido

1  EL PRESENTE CONTINUO
2  USOS DEL PRESENTE CONTINUO
3  EL VERBO «TO BE WEARING»
4  LA ROPA - *Clothes*
5  EJERCICIOS

## EL PRESENTE CONTINUO

El presente continuo expresa acciones del presente, pero con matices diferentes al presente simple.

Se forma con el **presente del verbo «to be»** y el **gerundio (infinitivo + ing)** del verbo principal que se trate.

### a) Su forma afirmativa es:

**[To clean: *limpiar*]**

| | |
|---|---|
| I **am cleaning** | *yo estoy limpiando* |
| you **are cleaning** | *tú estás / usted está limpiando* |
| he **is cleaning** | *él está limpiando* |
| she **is cleaning** | *ella está limpiando* |
| it **is cleaning** | *está limpiando* |
| we **are cleaning** | *nosotros/as estamos limpiando* |
| you **are cleaning** | *vosotros/as estáis / ustedes están limpiando* |
| they **are cleaning** | *ellos/as están limpiando* |

73

I **am cleaning** the bathroom
*Estoy limpiando el cuarto de baño*

He **is living** in Washington
*Él está viviendo en Washington*

We **are listening** to the radio
*Estamos escuchando la radio*

You **aren't studying** German
*Vosotros no estáis estudiando alemán*

The dog **isn't eating** now
*El perro no está comiendo ahora*

It **isn't raining** / *No está lloviendo*

**c)** Las preguntas se formulan invirtiendo el orden de «to be» y el sujeto.

**Are** you **watching** television?
*¿Estás viendo la televisión?*

**Is** Margaret **singing** a song?
*¿Está Margaret cantando una canción?*

What **are** they **doing?**
*¿Qué están haciendo?*

---

**1)** Para indicar una acción que está ocurriendo en el momento en que se habla.

I **am speaking** to you
*Estoy hablando contigo*

**Is** she **phoning** a friend now?
*¿Está ella llamando a una amiga ahora?*

They **aren't playing** basketball
*Ellos no están jugando al baloncesto*

**2)** Para referirse a una acción que transcurre en un momento cercano al actual, aunque no sea en el momento preciso de hablar.

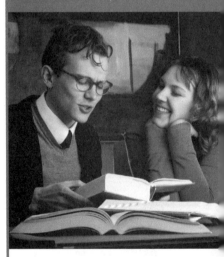

He**'s reading** «War and Peace»
*Él está leyendo «Guerra y Paz»*

We**'re studying** English
*Estamos estudiando inglés*

**3)** El presente continuo también se utiliza para expresar futuro, pero este apartado se tratará más adelante.

## EL VERBO «TO BE WEARING»

«**To be wearing**» equivale en español a «*llevar puesto*», por lo que es especialmente usado con vocabulario relativo a la ropa, que tratamos a continuación.

What **are** you **wearing**?
*¿Qué llevas puesto?*

I **am wearing** .......
*Llevo puesto .........*

## VOCABULARIO: LA ROPA – *Clothes*

| | |
|---|---|
| **uniform:** | *uniforme* |
| **hat:** | *sombrero* |
| **cap:** | *gorra* |
| **shirt:** | *camisa* |
| **T-shirt:** | *camiseta* |
| **sweater:** | *suéter* |
| **pants:** | *pantalones* |
| **jeans:** | *vaqueros* |
| **shorts:** | *pantalones cortos* |
| **blouse:** | *blusa* |
| **skirt:** | *falda* |
| **dress:** | *vestido* |

| | |
|---|---|
| **coat:** | *abrigo* |
| **raincoat:** | *impermeable* |
| **belt:** | *cinturón* |
| **suit:** | *traje* |
| **tie:** | *corbata* |
| **underwear:** | *ropa interior* |
| **jacket:** | *chaqueta* |
| **socks:** | *calcetines* |
| **stockings:** | *medias* |
| **shoes:** | *zapatos* |
| **sandals:** | *sandalias* |
| **boots:** | *botas* |
| **jogging suit:** | *chándal* |
| **sneakers:** | *zapatillas deportivas* |
| **pajamas:** | *pijama* |
| **scarf:** | *bufanda* |
| **gloves:** | *guantes* |
| **bathing suit:** | *bañador* |

Is he wearing a blue **suit** and a **tie**?
*¿Lleva él puesto un traje azul y una corbata?*

I'm wearing **gloves** and a **scarf**. It's cold
*Llevo guantes y una bufanda. Hace frío*

## Ejercicios

**1.-** Completa las frases con el presente continuo de los verbos: take, write, listen, drink, play.

**a)** Sarah and Greg _____ the piano.

**b)** _____Tom _____ a novel?

**c)** They_____ not _____ to music.

**d)** I _____ my umbrella.

**e)** _____ you _____wine?

**2.-** ¿Cómo se pregunta a alguien qué lleva puesto?

_____

_____

**3.-** Ordenar las letras para formar palabras relativas a la ropa.

**f)** R S I T K _____

**g)** C A T E K J _____

**h)** T R E W A S E _____

**i)** S N E J A _____

*Soluciones:*

**1.- a)** are playing;
**b)** Is ... writing; **c)** are ...
listening; **d)** am taking;
**e)** Are ... drinking
**2.-** What are you wearing? **3.- f)** SKIRT;
**g)** JACKET; **h)** SWEATER; **i)** JEANS.

---

# unidad 26
## contenido

1 DIFERENCIAS ENTRE EL PRESENTE SIMPLE Y EL PRESENTE CONTINUO
2 ADVERBIOS DE TIEMPO PARA EL PRESENTE
3 EN LA COCINA – *In the kitchen*
4 EJERCICIOS

### DIFERENCIAS ENTRE EL PRESENTE SIMPLE Y EL PRESENTE CONTINUO

La diferencia fundamental entre estos dos tiempos es que el presente simple se usa para expresar acciones habituales o rutinarias, mientras que el presente continuo se utiliza para expresar acciones que están ocurriendo en el momento en que se habla. Hay que tener cuidado porque en español estas acciones suelen expresarse también en presente simple. Por ello es muy importante el uso de adverbios de tiempo.

I **go** to the movies on Saturdays
*Voy al cine los sábados.*

I **am going** to the movies now
*Voy al cine ahora. (Estoy yendo al cine).*

76

Pero hay algunos verbos que no se usan normalmente en presente continuo. Estos verbos se llaman «de estado». Con ellos se expresan estados, emociones, actividades mentales, etc. Algunos ejemplos son:

Algunos de estos verbos pueden ser usados de manera continua, pero su significado varía:

I **am thinking** about you
*Estoy pensando en ti.*

They **are having** breakfast
*Ellos están desayunando.*

Estos adverbios son muy usados cuando expresamos acciones en presente, bien de forma simple o continua.

| | |
|---|---|
| **now** | *ahora* |
| **right now** | *ahora mismo* |
| **at the moment** | *en este momento* |
| **at present** | *en este momento* |
| **everyday** | *todos los días* |
| **currently** | *actualmente* |
| **today** | *hoy* |
| **tonight** | *esta noche* |

| | | |
|---|---|---|
| | **week** | *esta semana* |
| **this** | **month** | *este mes* |
| | **year** | *este año* |

**Verbos de los sentidos:**
**feel** (*sentir*), **see** (*ver*), **hear** (*oír*), **smell** (*oler*), **taste** (*saborear*).

**Verbos de emociones:**
**like** (*gustar*), **love** (*encantar*), **hate** (*odiar*), **wish** (*desear*), **want** (*querer*), etc.

**Verbos de actividad mental:**
**know** (*saber*), **think** (*pensar, creer*), **forget** (*olvidar*), **remember** (*recordar*), etc.

**Verbos de posesión:**
**have** (*tener*), **belong** (*pertenecer*), **possess** (*poseer*), etc.

They **hear** strange noises at night
*Ellos oyen ruidos extraños por la noche.*

She **loves** New York
*A ella le encanta Nueva York.*

I **think** it is a good idea
*Pienso que es una buena idea.*

We **have** a bilingual dictionary
*Tenemos un diccionario bilingüe.*

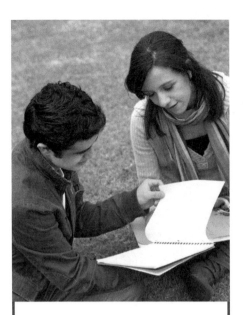

Are you studying English **now**?

*Estás estudiando inglés ahora?*

---

They are working hard **this month**.

*Ellos están trabajando duro este mes.*

---

It's very cold **tonight**.

*Hace mucho frío esta noche.*

---

Vincent is living in
Madrid **at the moment**.

*Vincent está viviendo en
Madrid en este momento.*

---

She gets up at seven
o'clock **everyday**.

*Ella se levanta a las siete en
punto todos los días.*

| | |
|---|---|
| **refrigerator** | *nevera* |
| **freezer** | *congelador* |
| **cooker** | *cocina* |
| **oven** | *horno* |
| **microwave oven** | *microondas* |
| **dishwasher** | *lavavajillas* |
| **mixer** | *batidora* |
| **tin-opener** | *abrelatas* |
| **ladle** | *cucharón* |
| **mug** | *tazón* |
| **toaster** | *tostadora* |
| **counter** | *encimera* |
| **cabinet** | *armario* |
| **scouring pad** | *estropajo* |
| **dish towel** | *paño* |
| **casserole** | *olla* |
| **saucepan** | *cazo* |
| **frying pan** | *sartén* |
| **garbage can** | *cubo de la basura* |
| **sink** | *fregadero* |
| **cookbook** | *libro de cocina* |
| **recipe** | *receta* |

## Ejercicios

**1.-** Usar los verbos en presente simple o continuo.

**a)** He _____ (wash) a
saucepan right now.

**b)** I sometimes _____ (cook)
in the oven.

**c)** _____ you _____
(have) a toaster?

**d)** She _____ (read) a recipe
at the moment.

**e)** We _____ (like) this
dishwasher.

**f)** _____ your father _____
(clean) the kitchen now?

**2.-** Completar las letras que faltan para
formar palabras relativas a la cocina.

**g)** _ R _ E _ E _

**h)** _ I _ E _

**i)** C _ B _ N _ T

**j)** _ A _ S _ R _ L _

# unidad 27

## EXPRESAR AGRADO Y DESAGRADO

Para expresar agrado o desagrado en inglés,
podemos usar los verbos siguientes:

| | |
|---|---|
| **like** | *gustar* |
| **dislike** | *no gustar (disgustar)* |
| **enjoy** | *disfrutar* |
| **love** | *encantar* |
| **hate** | *odiar* |
| **prefer** | *preferir* |

Estos verbos pueden ir seguidos de un
nombre (o pronombre) o de otro verbo.

### Con un nombre:

I **like** soccer / *Me gusta el fútbol*

They **dislike** Mexican food
*A ellos no les gusta
la comida mexicana*

My mother **loves** that music
*A mi madre le encanta esa música*

Susan **hates** mice
*Susan odia los ratones.*

He **prefers** an ice-cream
*Él prefiere un helado.*

79

Cuando van seguidos de un verbo, éste último suele tener forma de gerundio (aunque en español suela traducirse por infinitivo).

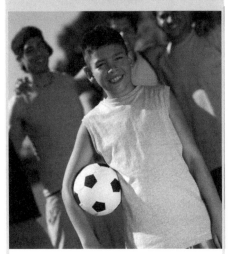

Paul **likes** <u>playing</u> soccer
*A Paul le gusta jugar al fútbol*

We **don't like** <u>skiing</u>
*No nos gusta esquiar*

Peter's cousin **enjoys** <u>swimming</u>
*El primo de Peter disfruta nadando*

My sisters **love** <u>dancing</u>
*A mis hermanas les encanta bailar*

I **hate** <u>getting up</u> early in the morning
*Odio levantarme temprano
por la mañana*

Pero cuando usamos la forma condicional de «like» (would like: *gustaría*), el verbo que le sigue ha de usarse en infinitivo (con «to»).

I **would like** <u>to skate</u>
*Me gustaría patinar*

She **would like** <u>to sing</u>
*A ella le gustaría cantar*

Los adverbios «**much**», «**many**» y «**a lot**» (ver unidad 23) pueden usarse también al final de las frases.

Is there any wine? Well, there is some, but not **much**
*¿Hay vino? Bueno, hay algo, pero no mucho*

How many people are there at the conference? Not **many**
*¿Cuánta gente hay en la conferencia? No mucha*

Do you like horror films? Yes, **a lot**
*¿Te gustan las películas de terror? Sí, mucho*

I like painting **very much**
*Me gusta mucho pintar*

Al igual que en éste último caso, cuando usemos un verbo y «**much**», «**many**» o «**a lot**» lo modifiquen, en español dichos adverbios acompañan al verbo, pero en inglés se usan al final.

She <u>likes</u> English **very much**

▼ NO ▼

She likes very much English
*A ella <u>le gusta</u> **mucho** el inglés.*

| | |
|---|---|
| **science** | *ciencias* |
| **mathematics (maths)** | *matemáticas* |
| **languages** | *idiomas* |
| **history** | *historia* |
| **geography** | *geografía* |
| **biology** | *biología* |
| **literature** | *literatura* |
| **art** | *arte* |
| **chemistry** | *química* |
| **physics** | *física* |

**physical education (PE)**

*educación física*

My sister hates **chemistry**
*Mi hermana odia la química*

I like **literature** very much
*Me gusta mucho la literatura*

These pupils enjoy
studying **languages**
*Estos alumnos disfrutan
estudiando idiomas*

# Ejercicios

**1.-** Ordenar las palabras para formar frases.

**a)** repairing I car dislike my.

_____

**b)** likes the Tom playing piano much very.

_____

**c)** Clare history studying enjoys.

_____

**d)** hate we physics.

_____

**e)** a they lot like mathematics.

_____

**2.-** Completar las letras para formar
vocabulario relativo a las asignaturas.

**f)** _ I _ T _ R _

**g)** _ H _ S _ C _

**h)** _ E _ G _ A _ H _

**i)** _ H _ M _ S _ R _

**j)** _ I _ L _ G _

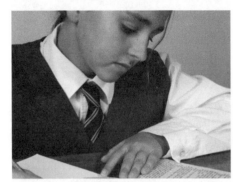

## PRONOMBRES PERSONALES OBJETO

En la Unidad 1 se trataron los pronombres personales sujeto, que son los que realizan la acción. En este caso nos ocupamos de los pronombres personales objeto, que son los que reciben la acción del verbo.

| Pronombres sujeto (preceden al verbo) | Pronombres objeto (siguen al verbo) |
|---|---|
| I | **me** *(me, a mí)* |
| you | **you** *(te, a ti, le, a usted)* |
| he | **him** *(le, lo, se, a él)* |
| she | **her** *(le, la, se, a ella)* |
| it | **it** *(le, lo, se, a ello)* |
| we | **us** *(nos, a nosotros/as)* |
| you | **you** *(os, a vosotros/as, les, a ustedes)* |
| they | **them** *(les, se, a ellos/as)* |

Los pronombres personales objeto se colocan:

**a)** Tras el verbo:

She is <u>helping</u> **me**

*Ella me está ayudando*

I <u>love</u> **you**

*Te estoy amando*

They are <u>showing</u> **him** a book

*Ellos están mostrándole un libro (a él)*

You are <u>teaching</u> **us** English

*Tú nos estás enseñando inglés*

**b)** Tras una preposición:

He's looking <u>at</u> **us**

*Él está mirándonos*

They are going to the movies <u>with</u> **her**

*Ellos van al cine con ella*

This present is <u>for</u> **them**

*Este regalo es para ellos*

## VOCABULARIO:
### EL ABECEDARIO – *The alphabet*

| | | | |
|---|---|---|---|
| **A** | *(ei)* | **N** | *(en)* |
| **B** | *(bi)* | **O** | *(ou)* |
| **C** | *(si)* | **P** | *(pi)* |
| **D** | *(di)* | **Q** | *(kiu)* |
| **E** | *(i)* | **R** | *(ar)* |
| **F** | *(ef)* | **S** | *(es)* |
| **G** | *(lli)* | **T** | *(ti)* |
| **H** | *(eich)* | **U** | *(iu)* |
| **I** | *(ai)* | **V** | *(vi)* |
| **J** | *(llei)* | **W** | *(dábeliu)* |
| **K** | *(kei)* | **X** | *(eks)* |
| **L** | *(el)* | **Y** | *(uai)* |
| **M** | *(em)* | **Z** | *(zi)* |

Para la pronunciación de la «g» (lli) y la «j» (llei), hemos de tener en cuenta que la «ll» suena como en Argentina o Uruguay.

La «z» tiene un sonido silbante, similar a un zumbido, que no existe en español.

## DELETREO – *Spelling*

Cuando se quiera preguntar cómo se deletrea una palabra, podemos usar alguna de las siguientes expresiones:

**Can you spell .... ?**
*¿Puedes deletrear .... ?*

**How do you spell .... ?**
*¿Cómo deletreas .... ?*

Para responder a estas preguntas se deletrea la palabra, teniendo en cuenta que cuando aparecen dos letras iguales consecutivas, también se puede usar «double» (dábel) + nombre de la letra:

-**Can you spell the word «book»?**
*-¿Puedes deletrear la palabra «book»?*

-B-**O-O**-K.
*- B-O-O-K (bi – dábel ou – kei)*
*(bi – ou – ou – kei)*

# Ejercicios

**1.-** Sustituir las palabras subrayadas por pronombres objeto.

**a)** I am sitting on <u>a chair</u>.
I am sitting on _____

**b)** She isn't with <u>her grandfather</u> now.
She isn't with_____now.

**c)** How do you spell <u>the word « room»</u>?
How do you spell_____?

**d)** Are you living with <u>your parents</u>?
Are you living with _____?

**e)** They are helping <u>you and your cousin</u>.
They are helping_____

**f)** Is it for <u>Peter and me</u>?
Is it for_____?

**g)** He is always looking at <u>Glenda</u>.
He is always looking at_____

**h)** Mary likes <u>Robert</u>. (I am Robert).
Mary likes_____

**i)** She is driving <u>her car</u>.
She is driving_____

**2.-** Ordenar las palabras para formar una frase.

**j)** you word can « science» the spell ?

_____

1 LAS CONJUNCIONES «AND», «OR» Y «BUT»
2 EXPRESAR ACTIVIDADES FÍSICAS Y DEPORTES
3 EN EL DORMITORIO – *In the bedroom*
4 EJERCICIOS

## LAS CONJUNCIONES «AND», «OR» Y «BUT»

Estas conjunciones son las más utilizadas en inglés. Se les llama también «conectores» y sirven para unir elementos en la frase o frases enteras, pero sus funciones son muy diferentes.

### «And»: y

Se utiliza para unir elementos o frases que tienen cierta relación.

Robert **and** Tom are my brothers
*Robert y Tom son mis hermanos*

I live in France **and** you live in Italy
*Yo vivo en Francia y tú vives en Italia*

He is tall
**and** slim
*Él es alto y delgado*

84

## «Or»: o

Se utiliza para presentar una alternativa.

Are you a doctor **or** a nurse?
*¿Es usted doctora o enfermera?*

She is Italian **or** French. I don't remember
*Ella es italiana o francesa. No recuerdo*

## «But»: pero, sino

Se usa para expresar contraste.

She isn't very friendly **but** I like her
*Ella no es muy simpática pero me gusta*

I don't speak English **but** Spanish
*Yo no hablo inglés sino español*

## EXPRESAR ACTIVIDADES FÍSICAS Y DEPORTES

Para expresar actividades físicas y deportes usamos diferentes verbos, dependiendo de la actividad.

De esta manera:

**a)** Si se practica con pelota, se usa el verbo «**to play**»:

| play (jugar al) | |
|---|---|
| | **soccer** / *fútbol* |
| | **basketball** / *baloncesto* |
| | **baseball** / *béisbol* |
| | **tennis** / *tenis* |

Does he **play basketball** or **baseball**?
*¿Él juega al baloncesto o al béisbol?*

**b)** Si no se practica con pelota, se usa el verbo «**to go**» y la actividad en gerundio:

| go (ir a) | |
|---|---|
| | **swimming** / *nadar* |
| | **skating** / *patinar* |
| | **horse-riding** / *montar a caballo* |
| | **cycling** / *montar en bicicleta* |

My sister **goes swimming** once a week
*Mi hermana va a nadar una vez a la semana*

**c)** Para otras actividades se utiliza «**to do**»:

| do (hacer, practicar) | |
|---|---|
| | yoga / *hacer yoga* |
| | pilates / *hacer pilates* |
| | exercise / *hacer ejercicio* |
| | judo, karate, etc / *practicar judo, karate, etc* |

I **do yoga** but John **does pilates**
*Yo hago yoga pero John hace pilates*

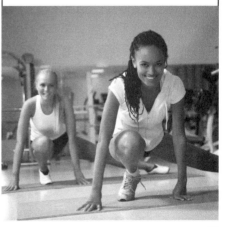

## VOCABULARIO:
### EN EL DORMITORIO
*In the bedroom*

| | |
|---|---|
| **bed** | *cama* |
| **night table** | *mesita de noche* |
| **sheet** | *sábana* |
| **blanket** | *manta* |
| **pillow** | *almohada* |
| **mattress** | *colchón* |
| **closet** | *armario* |
| **alarm clock** | *despertador* |
| **hanger** | *percha* |
| **drawer** | *cajón* |
| **chest of drawers** | *cómoda* |

I need an **alarm clock**
on the **night table**
*Necesito un despertador
en la mesita de noche*

She doesn't keep her clothes in a
**chest of drawers** but in a **closet**
*Ella no guarda su ropa en
una cómoda, sino en un armario*

# Ejercicios

**1.-** Completar las frases con «and», «or» o «but».

**a)** Do you prefer beer _____ wine?

**b)** I need some milk, butter _____ bread.

**c)** They study a lot _____ they never pass their exams.

**d)** The mattress is very comfortable _____ the pillow isn't.

**e)** The alarm clock is in the drawer _____ on the night table.

**2.-** Usar los verbos «to play», «to go» o «to do» en el tiempo (de presente) o forma correspondientes.

**f)** Paula _____ yoga at the moment.

**g)** They _____ cycling everyday.

**h)** Does your brother like _____ tennis or golf?

**3.-** ¿Qué objeto usamos para cubrirnos (taparnos) en la cama cuando hace frío?

_____

**4.-** ¿Qué objeto usamos para colgar ropa de él?

_____

*Soluciones:*
**1.- a)** or; **b)** and; **c)** but;
**d)** but; **e)** or. **2.- f)** is
doing; **g)** go; **h)** playing.
**3.-** blanket. **4.-** hanger.

## USO DE «ALSO», «TOO» Y «AS WELL»

**«Also»**, **«too»** y **«as well»** son tres formas de expresar *«también»* en inglés, pero su posición en la frase es diferente.

**a)** En frases afirmativas, **«also»** se coloca detrás del verbo, si éste es auxiliar (to be, can, etc.), o delante de él, si no es auxiliar. Si la frase es una pregunta, sólo cambia de orden el verbo auxiliar.

I <u>am</u> **also** American
*También soy estadounidense.*

<u>Is</u> he **also** a student?
*¿Él también es estudiante?*

We <u>can</u> **also** go swimming
*También podemos ir a nadar.*

They **also** <u>drive</u> to work
*Ellos también van al trabajo en auto.*

Do you **also** <u>have</u> an apartment in Manhattan?
*¿También tienes un apartamento en Manhattan?*

She makes her bed and she **also** <u>cleans</u> the bathroom.
*Ella hace su cama y también limpia el cuarto de baño.*

**b)** **«Too»** y **«as well»** se utilizan al final de la frase en cualquier caso. Son intercambiables.

They are Spanish, **too**
*Ellos también son españoles*

My mother goes to bed late, **as well**
*Mi madre también se va tarde a la cama*

We can send them an email, **too**
*Podemos enviarles un correo electrónico, también*

I play the violin and the piano, **as well**
*Toco el violín y también el piano.*

Cuando se quiera preguntar sobre el trabajo o la profesión de alguien, se pueden usar alguna de las siguientes expresiones:

**What do you do?**
*¿A qué te dedicas?, ¿Qué haces?*

**What's your job?**
*¿Cuál es tu trabajo?*

Para responder a estas preguntas podemos usar el vocabulario que aparece en la Unidad 4.

**What's your job?** I am an **architect**
*¿Cuál es tu trabajo? Soy arquitecto*

**What does she do?** She is a **nurse**
*¿A qué se dedica ella? Es enfermera*

**What do they do?** They are **painters**
*¿A qué se dedican ellos? Son pintores*

Los números de teléfono se expresan dígito por dígito en inglés. En caso de encontrar dos dígitos iguales consecutivos, se puede usar también la fórmula «double + número».

-What's your phone number?
*- ¿Cuál es tu número de teléfono?*

-My phone number is 766 129308.
*- Mi número de teléfono es el 766 129308*

## Recuerda

Los números se expresan así:

**766 129308**
(seven-**six-six/double six**-
one-two-nine-three-zero-eight)

# Ejercicios

**1.-** Completar las frases con «also» o «too», en los espacios que lo precisen.

**a)** She _____ is _____ studying English.

**b)** They can go _____ skating _____ .

**c)** I _____ like _____ fish.

**d)** We read _____ the newspaper _____ .

**e)** You _____ need _____ a closet for your bedroom.

**f)** Is _____ it _____ a calculator?

**2.-** Ordenar las palabras para formar frases.

**g)** does do she what ? _____

**h)** his what job is ? _____

**3.-** ¿Cómo se le pregunta a alguien por su trabajo sin usar la palabra «job»?

_____

**4.-** ¿Cómo le pedimos a alguien el número de teléfono de Betty?

_____

# unidad 31

**contenido**

1 ADVERBIOS DE MODO
2 EN EL CUARTO DE BAÑO – *In the bathroom*
3 EJERCICIOS

## ADVERBIOS DE MODO

Muchos adverbios de modo se forman a partir de adjetivos, a los que se les añade la terminación «**-ly**», que suele equivaler a la terminación «*-mente*» en castellano, pero algunos sufren alguna alteración.

**a)** La regla general es añadir «**-ly**» al adjetivo:

slow (*lento*)
slow**ly** (*lentamente*)
quick (*rápido*)
quick**ly** (*rápidamente*)
quiet (*tranquilo*)
quiet**ly** (*tranquilamente*)
careful (*cuidadoso*)
careful**ly** (*cuidadosamente*)

The girl is sleeping **quietly**
*La muchacha está durmiendo tranquilamente*

89

**b)** Los adjetivos terminados en «**-y**» cambian la terminación por «**-ily**»

easy (*fácil*)

eas**ily** (*fácilmente*)

happy (*feliz*)

happ**ily** (*felizmente*)

I can learn these rules **easily**
*Puedo aprender estas reglas fácilmente*

**c)** Los adjetivos terminados en «**-le**» cambian la terminación por «**-ly**».

terrible (*terrible*)

terrib**ly** (*terriblemente*)

gentle (*suave*)

gent**ly** (*suavemente*)

I am **terribly** sorry
*Lo lamento mucho (terriblemente)*

**d)** Los adjetivos terminados en «**-ic**» cambian la terminación por «**-ically**»

automatic (*automático*)

automat**ically** (*automáticamente*)

This machine works **automatically**
*Esta máquina funciona automáticamente*

Algunos adverbios de modo tienen la misma forma que los adjetivos:

| adjetivos | adverbios |
|---|---|
| **fast** (*rápido*) | **fast** (*rápidamente*) |
| **hard** (*duro*) | **hard** (*duramente*) |

It's a **hard** job. (adjetivo)
*Es un trabajo duro*

They work **hard**. (adverbio)
*Ellos trabajan duramente*

El adverbio de modo relativo al adjetivo «good» (*buen, bueno*) es «**well**» (*bien*).

He is a **good** painter. (adjetivo)
*Él es un buen pintor*

He paints **well**. (adverbio)
*Él pinta bien*

Los adverbios de modo se
suelen colocar detrás del verbo:

She <u>is eating</u> **quickly**

*Ella está comiendo*

*deprisa (rápidamente)*

They <u>speak</u> **perfectly**

*Ellos hablan perfectamente*

Pero si el verbo lleva complemento,
el adverbio se coloca detrás de éste y
nunca entre el verbo y el complemento:

She is eating <u>the apple</u> **quickly**

*Ella se está comiendo*

*la manzana deprisa*

They speak <u>English</u> **perfectly**

*Ellos hablan inglés perfectamente*

| | |
|---|---|
| **mirror** | *espejo* |
| **sink** | *lavabo* |
| **toilet** | *inodoro* |
| **bathtub** | *bañera* |
| **shower** | *ducha* |
| **stopper** | *tapón* |
| **faucet** | *grifo* |
| **soap** | *jabón* |
| **sponge** | *esponja* |
| **towel** | *toalla* |
| **toilet paper** | *papel higiénico* |
| **comb** | *peine* |
| **shampoo** | *champú* |
| **scale** | *báscula* |
| **toothbrush** | *cepillo de dientes* |
| **toothpaste** | *pasta de dientes* |
| **shaving cream** | *espuma de afeitar* |
| **razor** | *maquinilla de afeitar* |

They never turn off the **faucet** well

*Ellos nunca cierran bien el grifo*

I use the **razor** carefully

*Uso la maquinilla de*

*afeitar cuidadosamente*

The **toilet** doesn't work properly

*El inodoro no funciona correctamente*

There isn't any **toothpaste** in the tube

*No hay pasta de dientes en el tubo*

# Ejercicios

**1.-** Formar el adverbio de modo a partir de los adjetivos:

**a)** simple _____

**b)** natural _____

**c)** fast _____

**d)** good _____

**e)** bad _____

**2.-** Corregir las frases siguientes en caso de que lo necesiten:

**f)** He is a terribly painter. His pictures are horrible. _____

**g)** Mary, can you give me a towel? Quick, please! _____

**h)** Melissa doesn't study very hard.

_____

**3.-** Ordenar las letras para formar palabras relativas al cuarto de baño.

**i)** O N S E G P _____

**j)** R I R M O R _____

# unidad 32

1 LOS PRONOMBRES POSESIVOS
2 EN LA CLASE – *In the classroom*
3 EJERCICIOS

## LOS PRONOMBRES POSESIVOS

Los pronombres posesivos se usan para sustituir al adjetivo posesivo y al nombre al que éste acompaña.

Adjetivos posesivos       **Pronombres posesiv**

my  ▶  **mine**

*(el/la) mío, mía, (los/las) míos, mías*

your  ▶  **yours**

*(el/la) tuyo, tuya, (los/las) tuyos, tuyas*

*(el/la) suyo, suya,(los/las) suyos, suyas (de ust*

his  ▶  **his**

*(el/la) suyo, suya, (los/las) suyos, suyas (de é*

her  ▶  **hers**

*(el/la) suyo, suya, (los/las) suyos, suyas (de el.*

92

its ▶ **its**
(el/la) suyo, suya, (los/las) suyos, suyas (de ello)

our ▶ **ours**
(el/la) nuestro, nuestra, (los/las) nuestros, nuestras

your ▶ **yours**
(el/la) vuestro, vuestra, (los/las) vuestros, vuestras
(el/la) suyo, suya, (los/las) suyos, suyas (de ustedes)

their ▶ **theirs**
(el/la) suyo, suya, (los/las) suyos, suyas (de ellos/as)

Excepto «mine», el resto de
pronombres posesivos tienen
la misma forma que los
adjetivos posesivos,
añadiéndoles una «s», salvo
los casos que ya acaban en «s»
(his, its), que son iguales.

Al tratarse de pronombres, sustituyen a
los nombres (no los acompañan).

My car is black. **Mine** is black
*Mi auto es negro. El mío es negro*

It is <u>her comb</u>. It's **hers**
*Es su peine (de ella). Es suyo*

They are <u>our pictures</u>. They are **ours**
*Son nuestros cuadros. Son nuestros*

These are <u>your shoes</u>. These are **yours**
*Éstos son sus zapatos (de ustedes)*
*Éstos son los suyos (de ustedes)*

It's <u>their computer</u>. It's **theirs**
*Es su computadora (de ellos). Es suya*

My dictionary is cheap
but **his** is expensive
*Mi diccionario es barato*
*pero el suyo (de él) es caro*

She likes Linda's shoes,
but she doesn't like **ours**.
*A ella le gustan los zapatos de Linda,*
*pero no le gustan los nuestros.*

## VOCABULARIO:
### EN LA CLASE - *In the classroom*

| pencil | *lápiz* |
|---|---|
| **pen** | *bolígrafo, pluma* |
| **marker** | *rotulador* |
| **board** | *pizarra* |
| **eraser** | *borrador* |
| **chalk** | *tiza* |
| **paper** | *papel* |
| **folder** | *carpeta* |
| **notebook** | *cuaderno* |
| **workbook** | *cuaderno de ejercicios* |
| **ruler** | *regla* |
| **scissors** | *tijeras* |
| **stapler** | *grapadora* |
| **pencil sharpener** | *sacapuntas* |
| **pencil case** | *estuche* |
| **desk** | *escritorio, pupitre* |

Is this your **pen**? No, it isn't. Mine is red.
*¿Es éste tu bolígrafo? No. El mío es rojo.*

That **folder** isn't his. It's hers.
*Esa carpeta no es suya (de él). Es de ella.*

Look at that **pencil case**. Is it yours?
*Mira ese estuche. ¿Es tuyo?*

Our **rulers** are short but theirs are long.
*Nuestras reglas son cortas pero las suyas (de ellos) son largas.*

# Ejercicios

**1.-** Usar adjetivos posesivos o pronombres posesivos, concordando con el sujeto cuando sea posible.

**a)** Sheila and John are visiting _____ friends now.

**b)** This is his telephone. It's_____

**c)** We are living in _____ new house.

**d)** That is her pencil. It's_____

**e)** You have my telephone number but I don't have _____

**2.-** Resolver como un crucigrama. Verticalmente se puede leer una palabra relacionada con la clase.

**f)** Se usa para escribir en un papel.
**g)** Se usa para escribir en una pizarra.
**h)** Se usa para unir folios.
**i)** Se usa para guardar o archivar papeles o documentos.
**j)** Se usa para medir o trazar líneas rectas.

f) — _ _ _
g) _ _ _ _ _ _
h) _ _ _ _ _ _
i) _ _ _ _ _ _
j) _ _ _ _ _

*Soluciones:*
**1.- a)** their; **b)** his;
**c)** our; **d)** hers; **e)** yours.
**2.- f)** PEN, **g)** CHALK,
**h)** STAPLER, **i)** FOLDER,
**j)** RULER

94

# unidad 33

**Contenido**

1 EL PRONOMBRE INTERROGATIVO «WHOSE?»
2 EL TIEMPO – *The weather*
3 PREGUNTAR Y RESPONDER ACERCA DEL TIEMPO
4 EJERCICIOS

## EL PRONOMBRE INTERROGATIVO «WHOSE?»

El pronombre interrogativo **«whose?»** implica posesión y significa *«¿de quién?, ¿de quiénes?»*

**Whose** is this cell phone?
*¿De quién es este teléfono móvil?*

**Whose** are those cigarettes?
*¿De quién son esos cigarrillos?*

Las preguntas con «**whose**»se pueden realizar de diversas maneras. Así, tras dicho pronombre se puede encontrar el verbo «to be», o bien el nombre de aquello por cuyo poseedor se pregunta.

**Whose** is this <u>ring</u>? = **Whose** <u>ring</u> is this?
*¿De quién es este anillo?*

**Whose** are these <u>documents</u>? =
**Whose** <u>documents</u> are these?
*¿De quién son estos documentos?*

Estas preguntas se pueden responder:

### a) Con los pronombres posesivos.

**Whose** bedroom is that? It's **hers**
*¿De quién es ese dormitorio? Es suyo (de ella).*

**Whose** is this laptop? It's **mine**
*¿De quién es esta computadora portátil? Es mía*

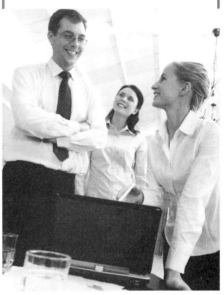

### b) Con el caso genitivo. Para ello, en la respuesta es posible no usa el objeto junto al poseedor:

**Whose** is this dog? It's **Tom's**
*¿De quién es este perro? Es de Tom*

**Whose** cards are those?
They're **Sarah's**
*¿De quién son estas tarjetas? Son de Sarah*

| the weather | el tiempo |
|---|---|
| sun | sol |
| rain | lluvia |
| cloud | nube |
| wind | viento |
| fog | niebla |
| snow | nieve |
| weather forecast | pronóstico meteorológico |

También hay adjetivos derivados de estos nombres. Se forman añadiendo una «-y» a dichos sustantivos.

| sunny | soleado |
|---|---|
| rainy | lluvioso |
| cloudy | nublado |
| windy | ventoso |
| foggy | con niebla |

**It's windy** / *Hace viento*

**It's a rainy day** / *Es un día lluvioso*

Adjetivos relativos a la temperatura:

| hot | caluroso |
|---|---|
| warm | cálido |
| cool | fresco |
| cold | frío |
| wet | húmedo |
| dry | seco |

Is it **hot**? / *¿Hace calor?*

Today it is **cold** / *Hoy hace frío.*

### PREGUNTAR Y RESPONDER ACERCA DEL TIEMPO

Cuando se quiere preguntar por el tiempo se suele decir:

**What's the weather like?**
*¿Cómo está el tiempo? ¿Qué tiempo hace?*

Aunque también se puede usar:

**How's the weather?**
*¿Cómo está el tiempo?*

Para responder, se ha de tener en cuenta que el sujeto siempre es «it», al que le sigue el verbo «**to be**».

| | |
|---|---|
| **It's sunny** | *Hace sol (está soleado)* |
| **It's rainy** | *Está lluvioso* |
| **It's cloudy** | *Está nublado* |

Pero también podemos responder con un verbo:

To rain: *llover*

**It is raining**. / *Está lloviendo*

To snow: *nevar*

**It is snowing.** / *Está nevando*

**What's the weather like today?**
**It's raining** and very cold.

*¿Qué tiempo hace hoy?*
*Está lloviendo y hace mucho frío.*

Para preguntar y responder acerca de la temperatura:

**What's the temperature?**
*Cuál es la temperatura?*
32°(thirty-two degrees)
*32° (treinta y dos grados)*

# Ejercicios

**1.-** Formular las preguntas para obtener las respuestas siguientes:

**a)** _____
These pencils are mine.

**b)** _____
That car is his.

**2.-** Completar las frases con las siguientes palabras: whose, are, this, pencil sharpener.

**c)** Whose dictionary is _____ ?

**d)** _____ are those lamps?

**e)** Whose _____ is that?

**f)** Whose shoes _____ these?

**3.-** ¿Cuál es la forma más frecuente de preguntar por el tiempo que hace?

_____

**4.-** Completar las frases con las palabras: dry, cloudy, hot, snowing.

**g)** It is a _____ day.

**h)** In the desert, the weather is _____ and _____

**i)** It is _____ and the streets are white.

# unidad 34

## EL IMPERATIVO

El imperativo es la estructura que usamos para dar órdenes o instrucciones. Se forma con el infinitivo del verbo, sin ningún pronombre delante.

**Open** the door!

*¡Abre la puerta!*

**Shut up**!

*¡Cállate!*

**Sit down**, please!

*¡Siéntate, por favor!*

Cuando se quiera dar una orden o instrucción negativa, hay que añadir **«don't»** delante del infinitivo:

**Don't open** the door!

*¡No abras la puerta!*

**Don't do** that!

*¡No hagas eso!*

**Don't phone** before six

*No llame antes de las seis*

## PREGUNTAR POR LUGARES O DIRECCIONES

Para preguntar dónde se encuentra un lugar podemos decir:

**Where is** the post office?
*¿Dónde está la oficina de correos?*

**Where's** the bank?
*¿Dónde está el banco?*

**Is there** a school **near** here?
*¿Hay una escuela cerca de aquí?*

**Is** the shop **near** here?
*¿Está la tienda cerca de aquí?*

**Is** it **far from** here?
*¿Está lejos de aquí?*

Y si lo que queremos es preguntar cómo llegar a un lugar, la forma más habitual es

**How can I get to....?**
*¿Cómo puedo llegar a…?, ¿Cómo se va a .*

**How can I get to** the city center?
*¿Cómo puedo llegar al centro de la ciuda*

**How can I get to** the museum?
*¿Cómo se va (puedo llegar) al museo?*

## INDICACIONES DE LUGARES

Cuando se indica cómo llegar a un lugar, se suelen utilizar las siguientes expresiones:

To **go along** the street

*seguir la calle*

To **go straight ahead / on**

*seguir adelante / derecho*

To **go across** the street

*cruzar la calle*

To **go / walk (up) to**...

*ir hasta...*

To **turn right / left**

*doblar a la derecha / izquierda*

To **take the second right / left**

*tomar la segunda calle a la derecha / izquierda*

Y se usan en imperativo:

**Go** straight ahead, **take** the second right, **go** across the street, **turn** left, **go** up to the square and there is the shoe shop.
*Siga adelante, tome la segunda calle a la derecha, cruce la calle, doble a la izquierda, vaya hasta la plaza y allí está la zapatería.*

## VOCABULARIO:
### LOS MESES DEL AÑO
*The months of the year*

| | |
|---|---|
| **January** | *enero* |
| **February** | *febrero* |
| **March** | *marzo* |
| **April** | *abril* |
| **May** | *mayo* |
| **June** | *junio* |
| **July** | *julio* |
| **August** | *agosto* |
| **September** | *septiembre* |
| **October** | *octubre* |
| **November** | *noviembre* |
| **December** | *diciembre* |

En inglés, los meses del año siempre se escriben con letra mayúscula.

Don't travel to Italy in **May**. Do it in **July**
*No viajes a Italia en mayo. Hazlo en julio*

My birthday is in **October**
*Mi cumpleaños es en octubre*

## Ejercicios

**1.-** Escribir las siguientes frases en forma imperativa, siguiendo el ejemplo:
The window is closed. Mary can open it.
*Open the window, Mary!*

**a)** You aren't in bed but you can go there.

**b)** You never read a book but you can do it.

**c)** The music is playing. Peggy can dance.

**2.-** Convertir las frases resultantes anteriores en imperativos negativos.

**d)** _____

**e)** _____

**f)** _____

**3.-** ¿Con qué frase preguntamos cómo llegar a la escuela?

_____

**4.-** ¿Cómo se le indica a alguien que gire a la izquierda y cruce la calle?

_____

**5.-** ¿Qué meses del año …

**g)** …empiezan por la letra «m»?

**h)** …contienen la letra «e»?

*Soluciones:*

**1.- a)** Go to bed!;
**b)** Read a book!; **c)** Dance.
Peggy! **2.- d)** Don't go to bed;
**b)** Don't read a book!; **c)** Don't dance,
Peggy! **3.-** How can I get to the school?
**4.-** Turn left and go across the street.
**5.- g)** March, May; **h)** February, June,
September, October, November, December.

# unidad 35

1 EL PASADO SIMPLE DEL VERBO «TO BE»
2 LAS ESTACIONES DEL AÑO – *The seasons*
3 ADVERBIOS DE TIEMPO PARA EL PASADO
4 EJERCICIOS

### EL PASADO SIMPLE DEL VERBO «TO BE»

Se refiere a estados o situaciones que tuvieron lugar en el pasado y ya finalizaron.

Tiene dos formas: **«was»** y **«were»**, según el sujeto.

| - De manera afirmativa es: | | |
|---|---|---|
| I | **was** | *yo era, estaba, fui, estuve* |
| you | **were** | *tú eras, estabas, fuiste, estuvis* |
| | | *usted era, estaba, fue, estuvo* |
| he | **was** | *él era, estaba, fue, estuvo* |
| she | **was** | *ella era, estaba, fue, estuvo* |
| it | **was** | *(ello) era, estaba, fue, estuvo* |
| we | **were** | *nosotros/as éramos, estábam* |
| | | *fuimos, estuvimos* |
| you | **were** | *vosotros/as érais, estábais,* |
| | | *fuísteis, estuvísteis ustedes e* |
| | | *estaban, fueron, estuvieron* |
| they | **were** | *ellos/as eran, estaban, fueron* |
| | | *estuvieron* |

**I was** in Chicago in 2007
*Estuve en Chicago en 2007*

**He was** at the party
*Él estuvo en la fiesta*

**They were** ill last week
*Ellos estuvieron enfermos la semana pasad*

- Para hacer frases negativas utilizaremos **«was not (wasn't)»** y **«were not (weren't)»**:

**I wasn't** there
*Yo no estaba/estuve allá*

You **weren't** happy / *Tú no eras feliz*

- Para preguntar colocamos **«was»** y **«were»** delante del sujeto:

**Were** you tired after the match?
*¿Estaban ustedes cansados después del partido?*

When **was** she a model?
*¿Cuándo fue ella modelo?*

- En respuestas cortas:

Was Linda a teacher?
*¿Era Linda profesora?*

| Yes, she **was** | No, she **wasn't** |
|---|---|
| *Sí, lo era.* | *No, no lo era.* |

Were they at work yesterday?
*¿Estuvieron ellos en el trabajo ayer?*

| Yes, they **were** | No, they **weren't** |
|---|---|
| *Sí* | *No* |

**VOCABULARIO:**
LAS ESTACIONES DEL AÑO
*The seasons*

Las estaciones del año son:

| **spring** | *primavera* |
|---|---|
| **summer** | *verano* |
| **fall** | *otoño* |
| **winter** | *invierno* |

En algunos países de lengua inglesa, *«otoño»* se dice **«autumn»**.

In **spring** it's warm and rainy
*En primavera hace un tiempo cálido y lluvioso*

It was very hot last **summer**
*Hizo mucho calor el verano pasado*

Last **fall** we were in the USA
*El otoño pasado estuvimos en los EEUU*

I can ski in **winter**
*Puedo esquiar en invierno*

## ADVERBIOS DE TIEMPO PARA EL PASADO

Cuando se expresan acciones o estados en pasado, se suelen usar los siguientes adverbios:

| before | | | antes |
|---|---|---|---|
| yesterday | | | ayer |
| | morning | | mañana |
| yesterday | afternoon | ayer por la | tarde |
| | evening | | noche |
| in the past | | | en el pasado |
| | night | | anoche |
| | week | | la semana pasada |
| last | month | | el mes pasado |
| | summer | | el verano pasado |
| | year | | el año pasado |
| ...ago | | | hace... |

I was in Madrid **last week**
*Estuve en Madrid la semana pasada*

They were here **five minutes ago**
*Ellos estaban aquí
hace cinco minutos*

He is at school now but
he was at home **before**
*Él está en la escuela ahora
pero estaba en casa antes*

Maggie and Peter weren't
there **yesterday morning**
*Maggie y Peter no estuvieron
allí ayer por la mañana*

# Ejercicios

**1.-** Completar los espacios con el pasado del verbo «to be».

**a)** Where _____ you yesterday afternoon?

**b)** Susan _____ in Miami.

**c)** They_____ at school last week.

**d)** How_____ your grandmother?

**e)** _____ he a soccer player?

**2.-** Completar con adverbios de tiempo para el pasado.

**f)** I was at home _____ night.

**g)** Where were you two hours_____ ?

**h)** Laura wasn't at work_____ morning.

**3.-** ¿Qué estaciones del año empiezan por la letra «s»?

_____

_____

**4.-** ¿Qué estaciones no acaban con la letra «r»?

_____

_____

## EL VERBO «TO BE BORN»

El verbo «**to be born**» (*nacer*) se usa habitualmente en pasado. De esta manera, sus formas de pasado simple son «**was born**» y «**were born**», según el sujeto que los acompañe.

I **was born** in 1980
*Nací en 1980*

They **weren't born** in Brazil but in Chile
*Ellos no nacieron en Brasil sino en Chile*

Where **were** you **born**?
*¿Dónde naciste?*

My daughter **was born** in the morning
*Mi hija nació por la mañana*

**Were** they **born** in that hospital?
*¿Ellos nacieron en ese hospital?*

Hay que recordar que, en inglés, los miles y millones se marcan con comas, y no con puntos, como en español.

### VOCABULARIO:
### LOS NÚMEROS (100 A 1.000.000.000)

| | |
|---|---|
| 100 | a / one hundred |
| 101 | one hundred one |
| 200 | two hundred |
| 248 | two hundred forty-eight |
| 300 | three hundred |
| 600 | six hundred |
| 785 | seven hundred eighty-five |
| 999 | nine hundred ninety-nine |
| 1,000 | a / one thousand |
| 1,469 | one thousand four hundred sixty-nine |
| 2,000 | two thousand |
| 37,102 | thirty-seven thousand one hundred two |
| 512,928 | five hundred twelve thousand nine hundred twenty-eight |

| | |
|---|---|
| 1,000,000 | a / one million |
| 20,000,000 | twenty million |
| 345,000,000 | three hundred forty-five million |
| 1,000,000,000 | a / one billion |

103

Las palabras «hundred», «thousand» y «million» siempre aparecen en singular cuando acompañan a un número.

| | |
|---|---|
| 400 | four **hundred** |
| 5,000 | five **thousand** |
| 8,000,000 | eight **million** |

We have 37,893 (thirty seven **thousand** eight **hundred** ninety-three) dollars in the bank.
*Tenemos 37.893 dólares en el banco.*

There are 256,000 (two **hundred** fifty-six **thousand**) inhabitants in this city.
*Hay 256.000 habitantes en esta ciudad.*

Pero pueden aparecer en plural cuando no tienen un numeral delante:

There are **hundreds** of euros on the counter.
*Hay cientos de euros en el mostrador.*

**Thousands** of people are demonstrating against the war.
*Miles de personas se están manifestando contra la guerra.*

A partir del año 2000 los años se suelen expresar así:

2000 **two thousand**
2007 **two thousand (and) seven**

Aunque también se puede decir:

2008 (20 08) **twenty oh eight**
2015 (20 15) **twenty fifteen**

En estos casos, el año se divide en dos cifras (los primeros dos dígitos y los dos últimos) y se leen como números cardinales, que es lo que ocurre al expresar años de siglos anteriores:

| | | |
|---|---|---|
| 1966 | (19 66) | **nineteen sixty-six** |
| 1871 | (18 71) | **eighteen seventy-one** |
| 1603 | (16 03) | **sixteen oh three** |

Si las dos últimas cifras del año son dos ceros, usamos la palabra «hundred».

1700: seventeen **hundred**
1900: nineteen **hundred**

My mother was born in **1958**
**(nineteen fifty-eight)**
*Mi madre nació en 1958*

Columbus reached America in **1492**
**(fourteen ninety-two)**
*Colón llegó a América en 1492*

# Ejercicios

**1.-** ¿Qué pregunta se formula para preguntar a alguien cuándo nació?

_____

**2.-** Completar con la forma correcta del verbo «to be born». Utilizar la forma afirmativa siempre que se pueda.

**a)** _____ he _____ in 1992?

**b)** I _____ in Spain but in France.

**c)** Her grandmother _____ in America.

**d)** Where _____ they _____?

**e)** You _____ in 1976 but in 1977.

**3.-** Escribir los siguientes números:

**f)** 32,847,901:

_____

_____

**g)** 12,266,034:

_____

_____

**4.-** Escribir los siguientes años:

**h)** 1703: _____

**i)** 1300: _____

# unidad 37

## «THERE WAS» Y «THERE WERE»

Ambas formas se usan para expresar el pasado de la forma impersonal «*hay*», es decir, equivalen a «*había*» y «*hubo*»

«**There was**» se usa con nombres incontables o nombres contables en singular.

**There was** <u>some milk</u> in the glass
*Había leche en el vaso*

**There was** <u>a bus</u> in front of the post office
*Había un autobús delante de correos*

105

«**There were**» se utiliza con
nombres contables en plural.

**There were** <u>some shops</u> near my house
*Había algunas tiendas cerca de mi casa*

- En frases negativas se usan
«**there wasn't (there was not)**» y
«**there weren't (there were not)**».

**There wasn't** any honey
*No había miel*

**There weren't** many people at the concert
*No hubo mucha gente en el concierto*

- Para realizar preguntas se invierte
el orden: **Was there ...?, Were there?**

**Was there** a car near the sidewalk?
*¿Había un auto cerca de la acera?*

**Were there** any supermarkets?
*¿Había supermercados?*

- Las preguntas anteriores se
pueden responder afirmativa y
negativamente, de forma corta:

**Was there** a car near the sidewalk?
**Yes, there was**
*¿Había un auto cerca de la acera?*
*Sí, lo había*

**Were there** any supermarkets?
**No, there weren't**.
*¿Había supermercados? No, no había.*

---

## PEDIR UN PRODUCTO EN UNA TIENDA

Cuando se pide un producto en una tienda,
se pueden utilizar varias estructuras:

**Formal:**
**I'd like to have / take...**
*Me gustaría llevarme...*

**Neutra:**
**I'll take...**
*Me llevaré...*

**Coloquial:**
**I want...**
*Quiero...*

**I'd like to take** some magazines
*Me gustaría llevarme algunas revistas*

**I'll take** a bottle of milk
*Me llevaré una botella de leche*

**I want** a blue dress
*Quiero un vestido azul*

## PREGUNTAR EL PRECIO

Para preguntar el precio de algún producto usamos el interrogativo «**how much**», normalmente acompañado del **verbo «to be»** (que en este caso equivale a «*costar*»), que ha de concordar con el sujeto.

| |
|---|
| **How much?** |
| *¿Cuánto?* |
| **How much** is it? |
| *¿Cuánto es?* |
| **How much** is the newspaper? |
| *¿Cuánto cuesta el periódico?* |
| **How much** are they? |
| *¿Cuánto cuestan?* |
| **How much** are the potatoes? |
| *¿Cuánto cuestan las patatas?* |
| **How much** was the camera? |
| *¿Cuánto costó la cámara?* |
| **How much** were the pictures? |
| *¿Cuánto costaban los cuadros?* |

Aunque no es tan frecuente, también se puede usar el verbo «to cost» *(costar)*.

**How much** does the car cost?
*¿Cuánto cuesta el auto?*

# Ejercicios

**1.-** Completar con «there was /were», «there wasn't / weren't», o «was / were there?»

**a)** _____ any books on the shelf.
**b)** _____ some sugar on the table.
**c)** _____ any lamps in the house?
**d)** _____ a man at the door?
**e)** _____ some people at the bar.
**f)** _____ any photos in the envelope.

**2.-** Ordenar las palabras para formar frases.

**g)** to like carrots some I'd take.

_____

**h)** want two I oranges.

_____

**3.-** Preguntar el precio de:

**i)** the dictionaries.

_____

**j)** the computer.

_____

107

## USO DE «WHY» Y «BECAUSE»

«**Why?**» es el pronombre interrogativo usado para preguntar por alguna razón. Equivale a «*¿Por qué?*».

**Why** do you have a dog?
*¿Por qué tienes un perro?*

**Why** are they studying English?
*¿Por qué están ellos estudiando inglés?*

Para responder a estas preguntas o bien cuando se quiera expresar un motivo, se usa «**because**». Es el equivalente a «*porque*».

Why do you have a dog?
**Because** I like animals very much.
*¿Por qué tienes un perro?*
*Porque me gustan mucho los animales.*

They are studying English **because** they want to speak it perfectly.
*Ellos están estudiando inglés porque quieren hablarlo perfectamente.*

## EL VERBO «TO LIKE»

El verbo «**to like**» significa «*gustar*», pero en español usamos un objeto indirecto delante de él (<u>me</u> gusta, <u>te</u> gusta, etc.), y en inglés lo hacen los pronombres sujeto.

I **like** <u>chocolate</u>.
*Me gusta el chocolate.*

Does she **like** <u>black coffee</u>?
*¿A ella le gusta el café solo?*

They don't **like** <u>meat</u>.
*A ellos no les gusta la carne.*

Este verbo puede ir acompañado de un nombre, como en los ejemplos anteriores, o de un verbo. En este caso, al referirnos a una actividad en general, usamos el verbo en gerundio.

I **like** <u>dancing</u>
*Me gusta bailar.*

Do you **like** <u>skiing</u>?
*¿Te gusta esquiar?*

They don't **like** <u>watching TV</u>
*A ellos no les gusta ver la televisión*

El verbo «**to like**», cuando se usa en la pregunta «**Would you like ...?**» (¿Te gustaría...?, ¿Quieres...?) puede ir también precediendo a un nombre o a un verbo. En este último caso, el verbo se expresaría en infinitivo (con «to»).

**Would you like** a cake?
*¿Quieres un pastel?*

**Would you like** some wine?
*¿Quieres vino?*

**Would you like** to dance?
*¿Te gustaría bailar?*

**Would you like** to speak Chinese?
*¿Te gustaría hablar chino?*

| | |
|---|---|
| **cooking** | *cocinar* |
| **reading** | *leer* |
| **fishing** | *pescar* |
| **gardening** | *jardinería* |
| **hiking** | *senderismo* |
| **painting** | *pintar* |
| **stamp collecting** | *coleccionar sellos* |
| **writing** | *escribir* |

**listening to music**
*escuchar música*

**surfing the internet**
*navegar por internet*

**playing an instrument**
*tocar un instrumento*

**walking** *pasear*

Why do you have a guitar?
Because I **play the guitar** in a band.
*¿Por qué tienes una guitarra?*
*Porque toco la guitarra en un grupo.*

Does she like **surfing the internet**?
*¿Le gusta a ella navegar por internet?*

Would you like **to cook**
the chicken for us?
I don't like **cooking**.
*¿Te gustaría cocinar el*
*pollo para nosotros?*
*No me gusta cocinar.*

## Ejercicios

**1.-** Ordenar las palabras para formar frases.

**a)** can't to beach go why you the ?

_____

**b)** don't a have car because I.

_____

**2.-** Completar con la forma correcta del verbo «to like».

**c)** They don't _____ walking.

**d)** _____you _____to go to the movies?

**e)** _____ you _____ living in New York?

**f)** She_____ soccer.

**3.-** Usar el infinitivo o el gerundio del verbo entre paréntesis, según corresponda.

**g)** Would you like _____ (study) German?

**h)** My sister likes_____ (swim).

**i)** Would you like_____ (play) the piano?

**j)** Do they like _____ (listen) to the radio?

### EL PASADO SIMPLE DE LOS VERBOS REGULARES (FORMA AFIRMATIVA)

Un verbo es regular cuando su pasado y su participio se forman añadiendo **«-ed»** al infinitivo del verbo.

En pasado tienen una única forma para todas las personas.

| [To clean: *limpiar*] | | |
|---|---|---|
| I | **cleaned** | yo limpié, limpiaba |
| you | **cleaned** | tú limpiaste, limpiabas |
| | | usted limpió, limpiaba |
| he | **cleaned** | él limpió, limpiaba |
| she | **cleaned** | ella limpió, limpiaba |
| it | **cleaned** | limpió, limpiaba |
| we | **cleaned** | nosotros/as limpiamos, limpiáamos |
| you | **cleaned** | vosotros/as limpiásteis limpiábais, ustedes limpiaron, limpiaban |
| they | **cleaned** | ellos/as limpiaron, limpiaban |

*Soluciones:*

**1.- a)** Why can't you go to the beach?;
**b)** Because I don't have a car. **2.- c)** like; **d)** Would ..... like; **e)** Do ... like; **f)** likes.
**3.- g)** to study; **h)** swimming; **i)** to play; **j)** listening.

Para formar el pasado de un verbo regular:

**a)** La regla general es añadir «-ed» al infinitivo del verbo: work-worked.

I **worked** for that company
*Yo trabajé para esa compañía*

**b)** Si el infinitivo acaba en «e», sólo se añade «d»: live-lived.

She **lived** in London
*Ella vivió/vivía en Londres*

**c)** Cuando el infinitivo acaba en «y»:

- Si la «y» tiene delante una vocal, se añade «ed»: play-played.

They **played** basketball
*Ellos jugaron/jugaban al baloncesto*

- Si la «y» tiene delante una consonante, cambia a «i» y se añade «ed»: study-studied.

We **studied** for the test
*Nosotros estudiábamos para el examen*

**d)** Si el infinitivo acaba en la serie de letras «consonante-vocal-consonante» y la última sílaba es la acentuada, antes de añadir «-ed» se dobla la última consonante: plan-planned.

I **planned** my vacations last month
*Planeé mis vacaciones el mes pasado*

Hay que tener en cuenta que la «w» se considera semiconsonante, por lo que no hace duplicar la última letra: snow – snowed.

It **snowed** a lot last month
*Nevó mucho el mes pasado*

**e)** Pero si el infinitivo acaba en «consonante-vocal-consonante» y la última sílaba no recibe el acento, sólo se añade «ed»: visit-visited.

I **visited** my aunt last week
*Visité a mi tía la semana pasada*

## VOCABULARIO:
### LUGARES Y EDIFICIOS
*Places and buildings*

| | |
|---|---|
| **bank** | *banco* |
| **school** | *escuela* |
| **park** | *parque* |
| **church** | *iglesia* |
| **airport** | *aeropuerto* |
| **bus station** | *estación de autobuses* |
| **train station** | *estación de trenes* |
| **repair shop** | *taller* |
| **hospital** | *hospital* |
| **hotel** | *hotel* |
| **museum** | *museo* |
| **art gallery** | *galería de arte* |
| **police station** | *comisaría* |
| **post office** | *oficina de correos* |
| **mall** | *centro comercial* |
| **library** | *biblioteca* |
| **gas station** | *gasolinera* |
| **movie theater** | *cine* |
| **fire station** | *parque de bomberos* |
| **supermarket** | *supermercado* |

We lived near the **police station**.
*Nosotros vivíamos cerca de la comisaría.*

They walked up to the **bus station** yesterday.
*Ellos caminaron hasta la estación de autobuses ayer.*

I stayed at a **hotel** when I visited my family.
*Me quedé en un hotel cuando visité a mi familia.*

# Ejercicios

**1.-** ¿Cuál es el pasado simple de estos verbos?

**a)** to answer *(responder)* _____

**b)** to change *(cambiar)* _____

**c)** to stop *(parar)* _____

**d)** to cry *(llorar, gritar)* _____

**2.-** Usar el pasado simple de los verbos siguientes: to enjoy *(disfrutar)*, to fail *(suspender)*, to remember *(recordar)*, to close *(cerrar)*.

**e)** She _____ the exams at school.

**f)** They _____ at the party.

**g)** I _____ that art gallery.

**h)** The museum _____ at 05:00.

**3.-** ¿En qué lugar se reposta gasolina?

_____

**4.-** ¿Dónde se pueden leer, consultar o pedir libros en préstamo?

_____

*Soluciones:*
**1.- a)** answered; **b)** changed; **c)** stopped; **d)** cried. **2.- e)** failed; **f)** enjoyed; **g)** remembered; **h)** closed. **3.-** gas station. **4.-** library.

# unidad 40

1 EL PASADO SIMPLE DE LOS VERBOS REGULARES (FRASES NEGATIVAS Y PREGUNTAS)
2 ADVERBIOS DE LUGAR
3 ADJETIVOS PARA DESCRIBIR LUGARES Y CIUDADES
4 EJERCICIOS

## EL PASADO SIMPLE DE LOS VERBOS REGULARES (FRASES NEGATIVAS Y PREGUNTAS)

**a)** Para hacer frases negativas en pasado usamos el auxiliar **«did not (didn't)»**, que acompañará al **verbo en infinitivo** (no en pasado) para todas las personas:

**forma afirmativa** { She **answered** the question. *Ella respondió la pregunta.*

**forma negativa** { She **didn't answer** the question. *Ella no respondió la pregunta*

**forma afirmativa** { Leo **wanted** an ice-cream *Leo quería un helado*

**forma negativa** { Leo **didn't want** an ice-cream. *Leo no quería un helado.*

My mother **didn't live** in the USA.
*Mi madre no vivía/vivió en los EEUU.*

They **didn't work** in the morning.
*Ellos no trabajaron/trabajaban por la mañana.*

I **didn't open** the window.
*Yo no abrí la ventana.*

**b)** Para realizar preguntas se utiliza **«did»** delante del sujeto y del **verbo en infinitivo** (no en pasado):

**forma afirmativa** { They **cleaned** their rooms. *Ellos limpiaron sus habitaciones.*

**forma interrogativa** { **Did** they **clean** their rooms? *¿Limpiaron ellos sus habitaciones?*

**forma afirmativa** { She **listened** to me. *Ella me escuchó.*

**forma interrogativa** { **Did** she **listen** to me? *¿Ella me escuchó?*

**Did** you **travel** to Europe last year?
*¿Viajaste a Europa el año pasado?*

When **did** she **visit** her family?
*¿Cuándo visitó ella a su familia?*

Why **did** Peter **stop** the car?
*¿Por qué detuvo Peter el auto?*

c) **«Did»** y **«didn't»** se usan también en respuestas cortas:

Did you like the film?
*¿Te gusto la película?*

Yes, I **did**
*Sí, me gustó*

No, I **didn't**
*No, no me gustó*

## ADVERBIOS DE LUGAR

Estos adverbios nos indican dónde tiene lugar la acción. En diversas unidades han aparecido algunos de ellos. A continuación se estudian algunos más.

| | |
|---|---|
| **over here** | *por aquí* |
| **over there** | *por allí* |
| **up, upstairs** | *arriba* |
| **down, downstairs** | *abajo* |
| **near, nearby** | *cerca* |
| **far (away)** | *lejos* |
| **out, outside** | *fuera, afuera* |
| **in, inside** | *dentro, adentro* |
| **in front** | *delante* |
| **behind** | *detrás, atrás* |
| **around** | *alrededor* |

The cat is **over there**.
*El gato está por allí.*

Maureen lives **downstairs**.
*Maureen vive abajo.*

The school isn't **near here**. It's very **far**.
*La escuela no está cerca de aquí. Está muy lejos.*

The girls are **outside** but the boys are **inside**.
*Las chicas están fuera pero los chicos están dentro.*

## VOCABULARIO: ADJETIVOS PARA DESCRIBIR LUGARES Y CIUDADES

| | |
|---|---|
| **ugly** | *feo* |
| **clean** | *limpio* |
| **dirty** | *sucio* |
| **new** | *nuevo* |
| **nice, lovely, beautiful** | *bonito* |
| **old** | *antiguo* |
| **modern** | *moderno* |
| **horrible** | *horrible* |
| **big, large** | *grande* |
| **small** | *pequeño* |
| **expensive** | *caro* |
| **cheap** | *barato* |
| **interesting** | *interesante* |
| **boring** | *aburrido* |
| **comfortable** | *cómodo* |
| **uncomfortable** | *incómodo* |
| **crowded** | *abarrotado* |
| **deserted** | *desierto* |
| **historic** | *histórico* |
| **cosmopolitan** | *cosmopolita* |

This is the **new** library.
The **old** one is near.
*Ésta es la nueva biblioteca.*
*La antigua está cerca.*

London is a **modern** city,
but very **expensive**.
*Londres es una ciudad moderna,*
*pero muy cara.*

These streets are **crowded**
but others are **deserted**.
*Estas calles están abarrotadas*
*pero otras están desiertas.*

114

# Ejercicios

**1.-** Convertir las frases afirmativas en negativas.

**a)** We visited a beautiful city.
_____

**b)** They cleaned the streets.
_____

**c)** I liked crowded places.
_____

**d)** She lived in a historic village
_____

**2.-** Convertir las frases en preguntas.

**e)** You watched an interesting match.
_____

**f)** Luke closed the door
_____

**g)** They traveled to Africa last year
_____

**h)** She danced salsa.
_____

**3.-** ¿Qué adverbio es el opuesto a «inside»?
_____

**4.-** ¿Qué adverbio es el opuesto a «downstairs»?
_____

---

# unidad 41

## EL PASADO SIMPLE DE LOS VERBOS IRREGULARES

Un verbo es irregular cuando su pasado, su participio, o ambos, no se forman añadiendo «ed» al infinitivo del verbo. Son muchos los verbos que son irregulares en inglés y cada uno con un tipo de irregularidad, por lo que la única regla para aprenderlos será practicarlos y memorizarlos.

**a)** Para usarlos de forma afirmativa, se toma el verbo en pasado y éste es igual para todas las personas:

> **[To go: *ir* - pasado: *went*]**
>
> We **went** to the theater last month.
> *Fuimos al teatro la semana pasada.*
>
> She **went** to Paris in November.
> *Ella fue a París en noviembre.*
>
> I **went** to bed late.
> *Me fui a la cama tarde.*

> **[To buy: *comprar* - pasado: *bought*]**
>
> My parents **bought** a new car.
> *Mis padres compraron un auto nuevo.*

[**to break:** *romper* - **pasado:** *broke*]

I **broke** the vase.
*Yo rompí el jarrón.*

[**to have:** *tener* - **pasado:** *had*]

She **had** three children.
*Ella tuvo tres hijos.*

[**to eat:** *comer* - **pasado:** *ate*]

Our dog **ate** its food.
*Nuestro perro se comió su comida.*

**b)** En **frases negativas**, al igual que con los verbos regulares, se usan «**didn't**» y el **infinitivo del verbo**:

My parents **didn't buy** a new car.
*Mis padres no compraron un auto nuevo.*

I **didn't break** the vase.
*Yo no rompí el jarrón.*

She **didn't have** three children.
*Ella no tuvo tres hijos.*

Our dog **didn't eat** its food.
*Nuestro perro no comió su comida.*

**c)** Para hacer **preguntas** se utiliza «**did**» delante del sujeto y del **verbo en infinitivo**:

**Did** you **see** Tom?
*¿Viste a Tom?*

**Did** they **write** that article?
*¿Escribieron ellos ese artículo?*

What **did** he **do**?
*¿Qué hizo él?*

Where **did** we **buy** the computer?
*¿Dónde compramos la computadora?*

**d)** En respuestas cortas:

Did you read the newspaper yesterday?
*¿Leíste el periódico ayer?*

Yes, I **did.** / *Sí.*     No, I **didn't.** / *No.*

116

| | |
|---|---|
| **train** | *tren* |
| **subway** | *metro* |
| **bus** | *autobús* |
| **coach** | *autocar* |
| **station** | *estación* |
| **ticket counter** | *mostrador* |
| **ticket window** | *ventanilla* |
| **line** | *cola* |
| **departure** | *salida* |
| **arrival** | *llegada* |
| **departure / arrival board** | *tablero de salidas / llegadas* |
| **platform, track** | *andén, vía* |
| **passenger** | *pasajero* |

| | |
|---|---|
| **tunnel** | *túnel* |
| **ticket** | *billete* |
| **one way ticket** | *billete de ida* |
| **round ticket** | *billete de ida y vuelta* |
| **luggage, baggage** | *equipaje* |
| **suitcase** | *maleta* |
| **bag** | *bolsa* |
| **backpack** | *mochila* |
| **train schedule** | *horario de trenes* |
| **seat** | *asiento* |
| **cart** | *carrito* |
| **left-luggage office** | *consigna* |

Can I have a **round ticket** to Miami, please?
*¿Me da un billete de ida y vuelta a Miami, por favor?*

The **passengers** had a lot of **luggage**.
*Los pasajeros tenían mucho equipaje.*

I took a **cart** to carry my **suitcases**.
*Cogí un carrito para llevar mis maletas.*

# Ejercicios

**1.-** Usar el pasado simple (forma afirmativa) de los siguientes verbos

**a)** I _____ a one way ticket to New York. [to buy *(comprar)*]

**b)** She _____ me on track 2. [to see *(ver)*]

**c)** They _____ a backpack and two suitcases. [to have *(tener)*]

**2.-** Transformar las frases del ejercicio 1 a frases negativas.

**d)** _____

**e)** _____

**f)** _____

**3.-** Transformar las frases del ejercicio 1 a frases interrogativas.

**g)** _____

**h)** _____

**i)** _____

**4.-** ¿Qué nombre recibe el lugar donde se sientan las personas en un tren?

_____

*Soluciones:*
**1.-** **a)** I bought a ...; **b)** She saw me ...; **c)** They had a... **2.- d)** I didn't buy...; **e)** She didn't see...; **f)** They didn't have... **3.- g)** Did I buy ...?; **h)** Did she see ...; **i)** Did they have ... **4.-** seat.

---

## unidad 42

contenido

1. USO DE «USED TO»
2. ADJETIVOS TERMINADOS EN «-ED» Y EN «-ING»
3. EJERCICIOS

### USO DE «USED TO»

«**Used to**» se usa para expresar hábitos y estados en el pasado. Siempre acompaña a un infinitivo. Es el equivalente a «*solía, solías, etc.*», aunque a veces no se traduzca. Tiene una forma invariable para todas las personas.

**Hábito:** { I **used to** play basketball.
*Yo solía jugar al baloncesto.*

**Estado:** { They **used to** live in Los Angele
*Ellos vivían en Los Ángeles.*

My father **used to** do
the washing-up.
*Mi padre solía lavar los platos.*

Tom and Mike **used to**
meet on Sundays.
*Tom y Mike se solían
reunir los domingos.*

La forma negativa es
«**didn't use to + infinitivo**».

She **didn't use to**
read that magazine.
*Ella no solía leer esa revista.*

We **didn't use to** go dancing.
*No solíamos ir a bailar.*

118

**Did** you **use to** go to bed late?
*¿Solías acostarte tarde?*

**Did** they **use to** visit their parents?
*¿Solían ellos visitar a sus padres?*

## Y en respuestas cortas:

Did she use to listen to the radio?
**Yes, she did.**
*¿Solía ella escuchar la radio? Sí.*

Did you use to take photographs?
**No, I didn't.**
*¿Solías tomar fotos? No.*

## ADJETIVOS TERMINADOS EN «-ED» Y EN «-ING»

En inglés existe una serie de adjetivos que tienen la misma base, pero una terminación distinta. Unos acaban en «**-ed**» y otros en «**-ing**».

**a)** Se usan los terminados en «**-ed**» cuando se describe cómo se siente alguien.

| | |
|---|---|
| **bored** | *aburrido* |
| **worried** | *preocupado* |
| **interested** | *interesado* |
| **tired** | *cansado* |
| **surprised** | *sorprendido* |

She is **bored**.
*Ella está aburrida.*

I'm **interested** in history.
*Estoy interesado en la historia.*

My mother is **worried**.
*Mi madre está preocupada.*

Are you **tired**?
*¿Estás cansado?*

**b)** Se usan los terminados en «**-ing**» cuando se describan cosas, personas, situaciones, etc.

| | |
|---|---|
| **boring** | *aburrido* |
| **worrying** | *preocupante* |
| **interesting** | *interesante* |
| **tiring** | *cansado* |
| **surprising** | *sorprendente* |

This movie is very **interesting**.
*Esa película es muy interesante.*

The news is **worrying**.
*La noticia es preocupante.*

The journey was very **tiring**.
*El viaje fue muy cansado.*

Por lo tanto se puede decir:

I am **bored** because this
program is **boring**.
*Estoy aburrido porque este
progama es aburrido.*

We are **worried** because our
situation is **worrying**.
*Estamos preocupados porque
nuestra situación es preocupante.*

He is **surprised** because
the result was **surprising**.
*Él está sorprendido porque
el resultado fue sorprendente.*

Otros adjetivos son:

| | |
|---|---|
| **annoyed** | *enfadado* |
| **annoying** | *molesto* |
| **embarrassed** | *avergonzado* |
| **embarrassing** | *embarazoso* |
| **frightened** | *aterrado* |
| **frightening** | *aterrador* |
| **excited** | *emocionado* |
| **exciting** | *emocionante* |
| **exhausted** | *agotado* |
| **exhausting** | *agotador* |

# Ejercicios

**1.-** Ordenar las palabras para formar
oraciones.

**a)** to didn't we Japanese study use.

_____

**b)** they to use did tennis play ?

_____

**c)** used cycling to she go everyday.

_____

**2.-** Usar los adjetivos que correspondan.

**d)** That situation was _____
(embarrassed, embarrasing).

**e)** I'm _____ because the tennis match
was _____ (exhausted, exhausting).

**f)** That book is _____ (bored, boring).

**g)** Isn't it an _____ film? (excited, exciting).

**h)** I have a _____ job. I'm always _____
(tired, tiring).

**i)** You were _____ because that noise
was _____ (annoyed, annoying).

**j)** I'm _____ in getting a good job.
(interested, interesting).

## EXPRESAR OBLIGACIÓN: LOS VERBOS «MUST» Y «HAVE TO»

«**Must**» (*deber*) y «**have to**» (*tener que*) expresan obligación. A veces se pueden usar indistintamente, aunque existen ciertas diferencias. Siempre preceden a un infinitivo.

- «**Must**» se usa cuando el hablante tiene «autoridad» sobre el oyente y sólo se utiliza en presente. Como es un verbo modal, tiene una forma para todas las personas.

You **must** study hard.
*Debéis estudiar mucho.*
*(El profesor a los alumnos)*

You **must** take this pill.
*Usted debe tomar esta píldora.*
*(El médico al paciente).*

- «**Have to**» se utiliza para comunicar una obligación, sin imponerla y puede aparecer en pasado (had to), presente (have to) y futuro (will have to).

I **have to** do my homework.
*Tengo que hacer mis deberes.*

He **has to** straighten up his room.
*Él tiene que ordenar su habitación.*

- En preguntas, «must» invierte el orden con el sujeto, pero «have to» necesita del auxiliar «do / does / did».

**Must** you leave now?
*¿Debes irte ahora?*

**Do** you **have to** leave now?
*¿Tienes que irte ahora?*

- En frases negativas estos verbos son muy diferentes:

«**Mustn't**» implica prohibición, es decir, no poder hacer algo.

You **mustn't** smoke in this place.
*No puede fumar en este lugar.*

«**Don't / doesn't have to**» implica falta de obligación, es decir, que algo no es necesario.

I **don't have to** get up early on Sundays.
*No tengo que levantarme temprano los domingos.*

121

| | |
|---|---|
| **to make the meal** | *hacer la comida* |
| **to wash the dishes** | *lavar los platos* |
| **to sweep the floor** | *barrer el suelo* |
| **to mop the floor** | *fregar el suelo* |

**to make the bed**
*hacer la cama*

**to vacuum the floor**
*pasar la aspiradora al suelo*

**to iron the clothes**
*planchar la ropa*

**to take the garbage out**
*sacar la basura*

**to straighten up the room**
*ordenar la habitación*

Al referirnos a las actividades, muchas de ellas se expresan con el verbo «to do»:

**to do**

**the cleaning**
*hacer la limpieza*

**the washing**
*hacer la colada, lavar la ropa*

**the washing-up**
*lavar los platos*

**the shopping**
*hacer la compra*

**the ironing**
*planchar*

**the vacuuming**
*pasar la aspiradora*

My mother **makes the meal**
but I have to **wash the dishes**.
*Mi madre hace la comida pero
yo tengo que lavar los platos.*

I **make my bed** and **straighten up my
bedroom** before leaving home.
*Yo hago mi cama y ordeno mi dormitorio
antes de salir de casa.*

You must **do the ironing** before
**mopping the floor**.
*Tienes que planchar antes de fregar el suelo.*

Can you **take the garbage out**, please?
*¿Puedes sacar la basura, por favor?*

She hates **ironing.**
*Ella odia planchar.*

## Ejercicios

**1.-** Completar las frases con «must» o «have to».

**a)** I _____ be at the conference at 10.

**b)** You _____ eat that sandwich, daughter.

**c)** She _____ do the vacuuming.

**d)** «You _____ do that exercise», the teacher said.

**e)** _____ they _____ work?

---

**2.-** Corregir las frases que lo precisen:

**f)** We moped the floor yesterday morning.

_____

**g)** I do my bed everyday.

_____

**h)** Do you have to vacum the floor?

_____

**i)** They didn't straightened up their room.

_____

**j)** I wash the dishes on Mondays, Wednesdays and Fridays.

_____

---

# unidad 44

**contenido**

1. EL VERBO «COULD»
2. EXPRESAR PETICIONES
3. EN EL AEROPUERTO – *At the airport*
4. EJERCICIOS

## EL VERBO «COULD»

**«Could»** es un verbo modal, pasado simple del verbo **«can»**. Se usa para expresar habilidad en el pasado, posibilidad, así como para realizar sugerencias o peticiones. También se utiliza como condicional de dicho verbo (*podría, podrías, etc.*).

- **Habilidad en el pasado**:

I **could** read when I was five years old.
*Yo sabía leer cuando tenía cinco años.*

- **Posibilidad**:

He **could** win the prize.
*Puede que él gane el premio.*

- **Sugerencias**:

You **could** buy that car.
*Podrías comprar ese auto.*

- **Peticiones**:

**Could** you repeat that, please?
*¿Podría repetir eso, por favor?*

- **Condicional**:

They **could** go to the concert if they had the tickets.
*Ellos podrían ir al concierto si tuvieran las entradas.*

123

Como ya se ha visto, cuando se quiera pedir o solicitar algo usamos «**can**» y «**could**». «**Can**» se usará en una situación más informal y «**could**» en otra más formal.

**Can** I speak to Jane?
*¿Puedo hablar con Jane?*

**Could** you spell your name, please?
*¿Podría deletrear su nombre, por favor?*

Para responder a estas preguntas afirmativamente, podemos decir:

**a)** De una manera informal:
«**Sure**» *(claro)*, «**OK**», «**Yes**»…

- **Can** you open the door, please?
*¿Puedes abrir la puerta, por favor?*

- **Sure**. / *Claro.*

**b)** De una manera formal: «**Of course**» *(por supuesto)*, «**Certainly**» *(claro)*…

- **Could** I speak to Mr. Jones, please?
*¿Podría hablar con el Sr. Jones, por favor?*

- **Certainly**. / *Claro.*

Otra forma de expresar una petición formal es por medio de «**I would like to + infinitivo**» *(quisiera, me gustaría)*. En este caso no se realiza una pregunta, sino que se trata de una oración afirmativa. Esta expresión se suele utilizar de forma contraída: «**I'd like to + infinitivo**».

**I'd like to** <u>take</u> those apples, please.
*Quisiera (me gustaría) llevarme esas manzanas, por favor.*

**I'd like to** <u>have</u> a meeting with him.
*Quisiera tener una reunión con él.*

**airline**   *línea aérea*

**flight**   *vuelo*

**domestic/international flight**
*vuelo nacional/internacional*

**check-in**   *facturación*

**check-in counter**
*mostrador de facturación*

**boarding**   *embarque*

**boarding pass**   *tarjeta de embarque*

**passport**   *pasaporte*

**departure lounge**   *sala de embarque*

**gate**   *puerta*

**baggage reclaim**
*reclamación de equipaje*

**cart**   *carrito*

**customs**   *aduana*

**to take off**   *despegar*

**take-off**   *despegue*

**to land**   *aterrizar*

**landing**   *aterrizaje*

**pilot**   *piloto*

**flight attendant**   *auxiliar de vuelo*

**delay**   *retraso*

**delayed**   *retrasado*

Could I have your **passport**, please?
*¿Puede mostrarme el
pasaporte, por favor?*

I'd like to know why the plane is **delayed**.
*Quisiera saber por qué el
avión tiene retraso.*

# Ejercicios

**1.-** Pedirle informalmente a alguien que:

**a)** cierre la puerta

_____

**b)** haga sus deberes

_____

**c)** compre el periódico

_____

**2.-** Pedirle formalmente a alguien que:

**d)** muestre su tarjeta de embarque

_____

**e)** vaya al mostrador de facturación

_____

**f)** escuche al auxiliar de vuelo

_____

**3.-** Ordenar las palabras para formar frases:

**g)** swim she when she four was could.

_____

**h)** come couldn't he home.

_____

**i)** you could him phone please ?

_____

**j)** her couldn't they see.

_____

## USO DE «LET'S + INFINITIVO»

En la unidad 34 se trata el imperativo cuando implica una orden hacia otras personas, pero también es posible que uno mismo se incluya en la orden. En este caso se usa **«let's (let us) + infinitivo»**. En ocasiones puede considerarse como una sugerencia.

**Let's play** chess.
*Juguemos al ajedrez.*

**Let's study** English.
*Estudiemos inglés.*

**Let's go** to the movies this evening.
*Vayamos al cine esta tarde.*

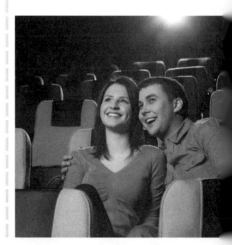

126

## TRATAMIENTOS FORMALES (MR, MRS., MS, MISS)

El tratamiento formal para dirigirse a las personas es:

**Mr** (Mister):
(Sr./Señor) se usa para hombres.

**Mrs** (Misses):
(Sra./Señora) se usa para mujeres casadas.

**Miss**:
(Srta./Señorita) se usa para mujeres solteras.

**Ms**:
(Sra. o Srta.) se usa para mujeres sin especificar su estado civil.

Estos tratamientos se usan seguidos del apellido o nombre y apellido de la persona (éste último es menos formal).

Good morning, **Mr.** <u>Gates</u>!
*¡Buenos días, Sr. Gates!*

I saw **Mrs.** <u>Reley</u> yesterday.
*Vi a la Sra. Reley ayer.*

The winner is **Miss** <u>Joan Murphy</u>.
*La ganadora es la Srta. Joan Murphy.*

## VOCABULARIO:
### MEDIOS DE TRANSPORTE
*– Means of transport*

| | |
|---|---|
| **bicycle, bike** | *bicicleta* |
| **motorcycle** | *moto(cicleta)* |
| **streetcar** | *tranvía* |
| **train** | *tren* |
| **subway** | *metro* |
| **bus** | *autobús* |
| **coach** | *autocar* |
| **car** | *auto(móvil)* |
| **taxi, cab** | *taxi* |
| **van** | *furgoneta* |
| **truck** | *camión* |
| **plane** | *avión* |
| **helicopter** | *helicóptero* |
| **ship** | *barco* |
| **boat** | *barco, barca* |
| **to ride a bike** | *montar en bicicleta* |
| **to drive a car** | *conducir un auto* |
| **to catch / take a bus** | *tomar un autobús* |

**to get in(to) a car**
*montarse en un auto*

**to get out of a car**
*bajarse de un auto*

**to get on(to) a bus/train/plane**
*subirse al autobús/tren/avión*

**to get off a bus/train/plane**
*bajarse del autobús/tren/avión*

Ms Evans never **drives her car**.
She always **takes a bus**.
*La Srta. Evans nunca conduce su auto.*
*Ella siempre coge un autobús.*

## LA PREPOSICIÓN «BY» CON MEDIOS DE TRANSPORTE

Para referirse al medio de transporte que se utiliza, se hace uso de la preposición «**by**».

I go to work **by bus**.
*Voy al trabajo en auto.*

They always travel **by train**.
*Ellos siempre viajan en tren.*

How often do you travel **by plane**?
*¿Con qué frecuencia viajas en avión?*

Pero se usa «**on**» en el caso «**on foot**» (*a pie*).

Mrs. O'Hara never goes to school **on foot**.
*La Sra. O'Hara nunca va a la escuela a pie.*

## LAS PREPOSICIONES «IN» Y «ON» CON MEDIOS DE TRANSPORTE

«**In**» y «**on**» son preposiciones que también se usan con medios de transporte, para expresar que alguien se encuentra en ellos.

«**In**» se usa cuando se trate de un auto y «**on**» al tratarse de un autobús, tren, barco o avión.

The kids are **in** the car.
*Los niños están en el auto.*

The driver wasn't **on** the bus.
*El conductor no estaba en el autobús.*

---

# Ejercicios

**1.-** ¿De qué forma nos impondríamos comprar un billete de tren?

_____

**2.-** ¿Cuál es el tratamiento formal para un señor?

_____

**3.-** Completar los espacios con la preposición correcta (in, on, by).

**a)** Mr. Wilson was _____ the plane.

**b)** Does Ms Kelly go to the supermarket _____ foot?

**c)** We sometimes go downtown _____ cab.

**d)** Those documents are _____ the car.

**e)** They usually travel _____ plane.

**f)** Was Mrs. Taylor _____ the train when you phoned her?

**4.-** ¿Qué verbo usamos para expresar...

**g)** ...subirse a un tren? _____

**h)** ...bajarse de un auto? _____

128

# unidad 46

contenido

1 LOS PRONOMBRES INDEFINIDOS
2 EXPRESIONES DE DISCULPA
3 EJERCICIOS

## LOS PRONOMBRES INDEFINIDOS

Los pronombres indefinidos son los que utilizamos cuando nos referimos a personas, cosas y lugares, pero sin precisar o identificar los mismos.

En esta unidad se tratarán los formados combinando

| some | | body |
|------|-----|------|
| any | con | one |
| every | | thing |
| no | | where |

Los compuestos con **«body»** y **«one»** son sinónimos y se refieren a personas, con **«thing»** a cosas y con **«where»** a lugares.

### a) Los compuestos de «some» se utilizan en frases afirmativas.

| **somebody, someone** |
|:---:|
| *alguien* |
| **something** |
| *algo* |
| **somewhere** |
| *en algún lugar* |

There's **someone** at the door.
*Hay alguien en la puerta.*

I have **something** in my pocket.
*Tengo algo en mi bolsillo.*

She left her watch **somewhere**.
*Ella dejó su reloj en algún lugar.*

### b) «Any», como sus compuestos, se usan en frases negativas y en preguntas:

| en frases negativas | |
|:---:|:---:|
| **anybody, anyone** | *nadie* |
| **anything** | *nada* |
| **anywhere** | *en ningún lugar* |

| en preguntas | |
|:---:|:---:|
| **anybody, anyone** | *alguien* |
| **anything** | *algo* |
| **anywhere** | *en algún lugar* |

Is there **anybody** at home?
*¿Hay alguien en casa?*

I don't have **anything**.
*No tengo nada.*

I can't find my wallet **anywhere**.
*No encuentro mi billetera en ningún lugar.*

129

**c)** **«Every»** y sus compuestos implican un sentido de totalidad y se utilizan en frases afirmativas, negativas y en preguntas:

| |
|---|
| **everybody, everyone** |
| *todos, todo el mundo* |
| **everything** |
| *todo, todas las cosas* |
| **everywhere** |
| *en todos los lugares, por todos sitios* |

Did e**verybody** come to the party?
*¿Todos vinieron a la fiesta?*

I didn't tell you **everything**.
*No te lo dije todo.*

There are people **everywhere**.
*Hay gente por todos sitios.*

**d)** **«No»** y sus compuestos son sinónimos de «any» y los suyos, cuando éstos se usan en frases negativas, pero los compuestos de «no» aparecen en frases afirmativas.

| | |
|---|---|
| **nobody, no-one** | *nadie* |
| **nothing** | *nada* |
| **nowhere** | *(en) ningún lugar* |

I saw **nothing** there =
I didn't see anything there
*No vi nada allí.*

**Nobody** came to the party.
*Nadie vino a la fiesta.*

**Nowhere** is safe.
*Ningún lugar es seguro.*

Si el pronombre indefinido rige el verbo, éste se usa en 3ª persona del singular (como *he, she* o *it*).

Somebody **is** there.
*Alguien está allí.*

Everybody **sleeps** at night.
*Todo el mundo duerme por la noche.*

There **isn't** anyone at home.
*No hay nadie en casa.*

## EXPRESIONES DE DISCULPA

Se utiliza **«Excuse me»** (*disculpe*) antes de pedir información o ayuda y cuando se vaya a ocasionar alguna molestia.

Se usa **«Sorry»** o **«I'm sorry»** (*perdone/lo siento*) cuando se haya ocasionado alguna molestia, aunque en inglés americano se suele usar también **«Excuse me»**.

-**Excuse me.** Are you Miss Duffy?
*-Perdone. ¿Es usted la Srta. Duffy?*

-No, I'm not. I'm Mrs Black.
*-No, no lo soy. Soy la Sra. Black.*

-Oh, **sorry!** / *-Oh, perdone.*

También se dice **«I'm sorry»** cuando no se puede ayudar a alguien (por ejemplo, le preguntan por una dirección y no la conoce).

## Ejercicios

**1.-** Completar los espacios con el pronombre indefinido correspondiente.

**a)** Is there _____ in the box? (anything, everywhere, something)

**b)** _____ can do it. (something, nobody, anything)

**c)** I like _____ (anywhere, everything, anybody)

**d)** She spent the night _____ near the beach. (nothing, everywhere, somewhere)

**e)** There isn't _____ at work. (somebody, nobody, anybody)

**2.-** Ordenar las palabras para formar frases.

**f)** somewhere saw it I.

_____

**g)** at nobody was home.

_____

**h)** what me is excuse time it ?

_____

**i)** go anywhere your didn't sister.

_____

**j)** there in was anybody house the?

_____

### EL VERBO «TO GET»

El verbo «to get» se emplea en diferentes situaciones, y, a veces, puede resultar confuso. A continuación se muestran algunos de los significados más frecuentes de este verbo.

#### a) Obtener, conseguir.

I **get** my meat from the supermarket.
*Consigo la carne en el supermercado.*

#### b) Recibir.

She **got** a letter yesterday.
*Ella recibió una carta ayer.*

#### c) Hacerse, convertirse, transformarse.

We **are getting** older.
*Nos estamos haciendo mayores.*

#### d) Tomar, coger.

We **got** the bus this morning.
*Esta mañana tomamos el autobús.*

#### e) Llegar.

They didn't **get** home before six.
*Ellos no llegaron a casa antes de las seis.*

#### f) Traer, ir a por.

Can you **get** me those books, please?
*¿Puedes traerme esos libros, por favor?*

131

Los tres primeros números ordinales son los siguientes:

| | | |
|---|---|---|
| 1º primer(o) | 1$^{st}$ | fir**st** |
| 2º segundo | 2$^{nd}$ | seco**nd** |
| 3º tercer(o) | 3$^{rd}$ | thi**rd** |

En la abreviatura de los números ordinales aparece la cifra y las dos últimas letras del ordinal, escrito en letra. A partir del número cuatro, el ordinal se forma a partir del número cardinal, añadiéndole «th»: **número + th**.

| | | |
|---|---|---|
| 4º cuarto | 4$^{th}$ | four**th** |
| 5º quinto | 5$^{th}$ | fif**th** |
| 6º sexto | 6$^{th}$ | six**th** |
| 10º décimo | 10$^{th}$ | ten**th** |
| 12º duodécimo | 12$^{th}$ | twelf**th** |
| 20º vigésimo | 20$^{th}$ | twentie**th** |

Pero existen ligeros cambios en algunos números:

| | | |
|---|---|---|
| five | ▶ | fifth |
| eight | ▶ | eighth |
| nine | ▶ | ninth |
| twelve | ▶ | twelfth |
| twenty | ▶ | twentieth |

Las decenas seguirán el modelo «-ieth»:

30th ▶ thir**ieth**     80th ▶ eight**ieth**

En números compuestos por decena y unidad, sólo cambia a ordinal la unidad:

| | |
|---|---|
| 21**st** | twenty-fir**st** |
| 32**nd** | thirty-seco**nd** |
| 63**rd** | sixty-thi**rd** |
| 85**th** | eighty-fif**th** |

## Usos de los números ordinales:

**a)** Expresan el orden en que sucede algo o la ubicación de las cosas:

This is my **second** flight to New York.
*Este es mi segundo vuelo a Nueva York.*

Today is her **74th** anniversary.
*Hoy es su 74º aniversario.*

Take the **first** right and go ahead.
*Doble la primera (calle) a la derecha y siga recto.*

**b)** Con ellos indicamos las plantas de un edificio:

My aunt lives on the **ninth** floor.
*Mi tía vive en el noveno piso.*

**c)** Para decir las fechas (en español se usan los números cardinales):

The meeting is on January, **16th**.
*La reunión es el 16 de enero.*

Her birthday is on November, **21st**.
*Su cumpleaños es el 21 de noviembre.*

The course starts on September, **12th**.
*El curso empieza el 12 de septiembre.*

Aunque no se escriba, al leer la fecha se ha de usar el artículo «**the**» delante del número del día.

---

# Ejercicios

**1.-** Sustituir el verbo por el tiempo correspondiente del verbo «to get».

**a)** I'm becoming nervous.

_____

**b)** She arrived in Chicago very late

_____

**c)** Did you receive a parcel?

_____

**d)** He had good results in his exams.

_____

**e)** She didn't bring that dictionary.

_____

**2.-** Escribir en letra los siguientes números ordinales:

**f)** 55th _____

**g)** 29th _____

**h)** 43rd _____

**3.-** Corregir los errores en las siguientes frases:

**i)** The office is on the twelveth floor.

_____

**j)** It's my father's fourty-ninth anniversary.

_____

*Soluciones:*

**1.- a)** getting por becoming; **b)** got to por becoming; **c)** arrived in; **d)** got por had; receive; **e)** get por bring. **2.- f)** fifty-fifth; **g)** twenty-ninth; **h)** forty-third. **3.- i)** The office is on the twelfth floor; **j)** It's my father's forty-ninth anniversary.

133

## EL PASADO CONTINUO

Es el tiempo que se utiliza cuando queremos expresar acciones que ocurrieron en el pasado, pero enfatizamos que tuvieron cierta duración, así como aquello que estaba ocurriendo en un momento determinado del pasado. Se forma con el pasado simple del verbo «to be» (**was/were**) y el **gerundio** del verbo que usemos.

Sujeto + **was / were + gerundio +** (complementos)

**a)** La forma afirmativa es:

### [To eat: *comer*]

| | | |
|---|---|---|
| I | **was eating** | *yo estuve/estaba comiendo* |
| you | **were eating** | *tú estuviste/estabas comiendo, usted estuvo/estaba comiendo* |
| he | **was eating** | *él estuvo/estaba comiendo* |
| she | **was eating** | *ella estuvo/estaba comiendo* |
| it | **was eating** | *estuvo/estaba comiendo* |
| we | **were eating** | *nosotros/as estuvimos/ estábamos comiendo* |
| you | **were eating** | *vosotros estuvísteis/ estábais comiendo, ustedes estuvieron/ estaban comiendo* |
| they | **were eating** | *ellos estuvieron/ estaban comiendo* |

The dog **was eating** its food.
*El perro estaba comiendo su comida.*

In 2002 I **was living** in London.
*En 2002 yo estaba viviendo en Londres.*

We **were doing** our homework.
*Estuvimos haciendo nuestros deberes.*

She **was reading** a magazine.
*Ella estaba leyendo una revista.*

They **were cleaning** their apartment.
*Ellos estuvieron limpiando su apartamento.*

**b)** En frases negativas se usan **«was not / wasn't»** y **«were not / weren't»:**

He **wasn't dancing** at the party.
*Él no estuvo bailando en la fiesta.*

They **weren't speaking** French.
*Ellos no estaban hablando en francés.*

I **wasn't waiting** for you.
*Yo no estaba esperándote.*

We **weren't fighting**.
*No estábamos peleándonos.*

**c)** En preguntas, **«was»** y **«were»** invierten el orden con el sujeto.

**Were** you **studying** maths?
*¿Estabas estudiando matemáticas?*

What **were** you **doing**?
*¿Qué estabas haciendo?*

Who **was** she **talking** to?
*¿Con quién estaba hablando ella?*

**d)** Y en respuestas cortas:

**Was** he **playing** the piano?
*Estaba él tocando el piano?*

{ **Yes, he was.** / *Sí.*
**No, he wasn't.** / *No.*

El pasado continuo también se usa para describir lo que estaba ocurriendo en un momento determinado del pasado.

She **was working** in the morning.
*Ella estuvo trabajando por la mañana.*

At seven o'clock I **was sleeping**.
*A las siete en punto yo estaba durmiendo.*

Yesterday evening they **were playing** cards.
*Ayer por la tarde ellos estuvieron jugando a las cartas.*

---

### VOCABULARIO:
LA CIUDAD – *The city*

| | |
|---|---|
| **road sign** | *señal* |
| **mailbox** | *buzón* |
| **sidewalk** | *acera* |
| **corner** | *esquina* |
| **trash can** | *papelera* |
| **flag** | *bandera* |
| **advertisement** | *anuncio* |
| **bus shelter** | *caseta del bus* |
| **building** | *edificio* |
| **crosswalk** | *paso de peatones* |
| **lamppost** | *farola* |
| **pedestrian** | *peatón* |
| **skyscraper** | *rascacielos* |
| **bridge** | *puente* |
| **river** | *río* |
| **traffic light** | *semáforo* |
| **bench** | *banco* |
| **square** | *plaza* |

We were visiting that huge **skyscraper**.
*Estuvimos visitando ese rascacielos enorme.*

Andy and Susan were sitting on a **bench**.
*Andy y Susan estaban sentados en un banco.*

Were you walking near the **bridge**?
*¿Estuvisteis paseando cerca del puente?*

# Ejercicios

**1.-** Completar los espacios con el pasado continuo de los siguientes verbos: play, work, study, read, go, do.

**a)** Tom _____ hard on the weekend.
**b)** She _____ English last week.
**c)** Those pedestrians _____ across the street.
**d)** The children_____ soccer yesterday.
**e)** What ____he_____yesterday at 3 o'clock?
**f)** _____you _____the advertisement?

**2.-** ¿Dónde se puede tirar un papel si se está en la calle?

_____

**3.-** ¿En qué lugar se depositan las cartas para enviarlas?

_____

**4.-** ¿En qué lugar nos sentamos cuando estamos en la calle?

_____

**5.-** ¿Qué objeto luminoso regula el tráfico?

_____
_____

# unidad 49

1. DIFERENCIAS ENTRE EL PASADO SIMPLE Y EL CONTINUO
2. USO DE «WHEN» Y «WHILE»
3. EJERCICIOS

## DIFERENCIAS ENTRE EL PASADO SIMPLE Y EL CONTINUO

**a)** El pasado simple expresa una acción ya finalizada, pero con el pasado continuo no se sabe si la acción ha concluido.

She **wrote** a letter.
*Ella escribió una carta.*
*(La carta está finalizada)*

She **was writing** a letter.
*Ella estuvo escribiendo una carta.*
*(No se sabe si la acabó o no).*

136

**b)** El pasado simple expresa acciones pasadas como simples hechos, mientras que el pasado continuo da a las acciones un tiempo y una duración.

What **did** you **do** yesterday? I **watched TV**.
*¿Qué hiciste ayer? Vi la televisión.*

What **were** you **doing** yesterday at 8?
I **was watching TV**.
*¿Qué estabas haciendo ayer a las 8?*
*Estaba viendo la televisión.*

**c)** Otras diferencias se verán al tratar «**when**» (*cuando*) y «**while**» (*mientras*), que se estudian a continuación.

### USO DE «WHEN» Y «WHILE»

«**When**» (*cuando*) y «**while**» (*mientras*) son palabras que, en muchas ocasiones, unen frases. La posición de ambas puede ser al inicio de una frase o en posición media, pero, en cualquier caso, siempre preceden a una frase. En pasado, «**when**» suele preceder a un pasado simple y «**while**» a un pasado continuo.

Cuando «**when**» se utiliza uniendo dos frases en pasado simple, se expresan dos acciones consecutivas en el pasado.

I opened the door **when** the bell rang.
*Abrí la puerta cuando sonó el timbre.*

**When** she had dinner she went to bed.
*Cuando ella cenó, se fue a la cama.*

Al unir en una frase dos acciones duraderas que estaban ocurriendo simultáneamente, ambas se expresan en pasado continuo, unidas por «**while**».

She was reading a book **while** her children were playing.
*Ella estaba leyendo un libro mientras sus hijos estaban jugando.*

**While** he was studying, I was working.
*Mientras él estaba estudiando, yo estaba trabajando.*

Para expresar que una acción estaba teniendo lugar (pasado continuo) cuando otra «interrumpió» (pasado simple):

I was washing the dishes **when** the telephone rang.
*Yo estaba lavando los platos cuando sonó el teléfono.*

The telephone rang **while** I was washing the dishes.
*El teléfono sonó mientras yo estaba lavando los platos.*

Con el pasado simple y continuo se expresan matices diferentes, como podemos ver en los ejemplos siguientes.

What **did** you **do** when it started to rain?
We went home.

*¿Qué hicísteis cuando empezó a llover?*
*Fuimos a casa (después de*
*que empezara a llover)*

What **were** you **doing**
when it started to rain?
We were going home.

*¿Qué estábais haciendo*
*cuando empezó a llover?*
*Estábamos yendo a casa.*
*(antes de que empezara a llover)*

**1.-** Completar los espacios con los verbos en pasado simple o continuo.

**a)** Some friends _____ (arrive) while we _____ (watch) TV.

**b)** What _____ you _____ (do) yesterday at seven?

**c)** He _____ (can) not sleep because the baby _____ (cry).

**d)** The students _____ (listen) while the teacher _____ (explain) the lesson.

**e)** I _____ (speak) to John when I _____ (get) a text message.

**2.-** ¿»When» o «while»?

**f)** She was taking a shower _____ the door opened.

**g)** _____ Mary was having dinner, John was sleeping.

**h)** _____ we bought that house, they were building it.

**i)** I was looking at them _____ they were dancing.

**j)** He was surfing the internet _____ he saw that photo.

# unidad 50

1 PEDIR PERMISO
2 «BEFORE» Y «AFTER»
3 FORMAS Y MATERIALES – *Shapes and materials*
4 POSICIÓN DE VARIOS ADJETIVOS JUNTO A UN NOMBRE
5 EJERCICIOS

## PEDIR PERMISO

Para solicitar permiso para realizar una acción se pueden usar diversas estructuras. En esta unidad se tratarán aquellas con los verbos modales **«can»**, **«may»** y **«could»**. Con «can» se solicita permiso de una manera informal, mientras que con «may» y con «could» se hace más formalmente.

**Can** I open the window?
*¿Puedo abrir la ventana?*

**May** I come in?
*¿Puedo pasar?*

**Could** I ask you a question?
*¿Puedo / Podría hacerle una pregunta?*

## «BEFORE» Y «AFTER»

Tanto **«before»** como **«after»** pueden funcionar como conjunciones, preposiciones y adverbios.

«**Before**» equivale a
*«antes, antes de, antes de que».*

«**After**» equivale a
*«después de, después de que».*

I was here **before**.
*Yo estuve aquí antes.*

He knew it **before** you told him.
*Él lo sabía antes de que se lo contaras.*

She got home **after** six.
*Ella llegó a la casa después de las seis.*

They couldn't sleep **after**
I had told them that story
*Ellos no pudieron dormir después de
que yo les contara esa historia.*

Si se usa un verbo después de **«before»** o **«after»** (porque el sujeto de ese verbo es el mismo que el de otro verbo aparecido antes), éste ha de tener forma de **gerundio**.

I was watching TV **before** <u>going</u> to bed.
*Estuve viendo la televisión antes de acostarme.*

They were playing soccer **after** <u>doing</u> their homework.
*Ellos estuvieron jugando al fútbol después de hacer sus deberes.*

## VOCABULARIO:
FORMAS Y MATERIALES
*– Shapes and materials*

Según su forma, las cosas pueden ser:

| | |
|---|---|
| **round** | *redondo/a* |
| **square** | *cuadrado/a* |
| **rectangular** | *rectangular* |
| **oval** | *ovalado/a* |

Y en cuanto a materiales:

| | |
|---|---|
| **metal** | *metal* |
| **metallic** | *metálico* |
| **iron** | *hierro* |
| **steel** | *acero* |
| **glass** | *vidrio* |
| **plastic** | *plástico* |
| **wood** | *madera* |
| **wooden** | *de madera* |

I bought a nice, **round wooden** table.
*Compré una bonita mesa redonda de madera.*

She's got a **square plastic** purse.
*Ella tiene un bolso cuadrado de plástico.*

## POSICIÓN DE VARIOS ADJETIVOS JUNTO A UN NOMBRE

Cuando un sustantivo está modificado por varios adjetivos, la posición de ellos suele ser la siguiente:

Determinante, **opinión, tamaño, forma, edad, color, origen, material, tipo / propósito**, nombre

A **nice big round old red Italian glass fruit** bowl.

She has a **fantastic small modern** computer.
*Ella tiene una computadora fantástica, pequeña y moderna.*

Are there any **big square wooden, dining-room** tables?
*¿Hay mesas de comedor de madera, cuadradas y grandes?*

# Ejercicios

**1.-** ¿Cómo se pediría permiso para usar el teléfono de un amigo?

_____

**2.-** ¿Cómo se pediría permiso a un jefe para irse a casa?

_____

**3.-** ¿»After» o «before»?

**a)** I wash my hands _____ I eat.

**b)** November comes _____ December.

**c)** The number 7 comes _____ 6.

**d)** She made a list _____ she went shopping.

**e)** _____ I wash the dishes I dry them.

**4.-** Ordena los adjetivos.

**f)** Do you have a (German, old, big) cell phone?

_____

**g)** They live in a (modern, wonderful, small) apartment.

_____

**h)** She bought two (steel, American, oval) ahstrays.

_____

## EXPRESIONES DE MOVIMIENTO

Gran parte de estas expresiones se forman con un verbo que implica movimiento y una de las preposiciones que se muestran a continuación.

| | |
|---|---|
| **across** | _a través de (a lo ancho)_ |
| **along** | _a lo largo de, por_ |
| **back (from)** | _de vuelta (de)_ |
| **down** | _abajo, hacia abajo_ |
| **up** | _arriba, hacia arriba_ |
| **up to** | _hasta_ |
| **into** | _adentro_ |
| **out of** | _fuera de_ |
| **from** | _de, desde_ |
| **past** | _(pasar) por delante de_ |
| **to** | _a, hacia_ |
| **around** | _alrededor de_ |
| **through** | _a través de, por_ |

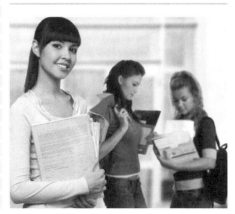

141

Seguidamente se ven ejemplos prácticos de verbos con estas preposiciones. Podemos realizar múltiples combinaciones. Aquí se tratan algunas de ellas.

## To go: ir

She never **goes back** home late.
*Ella nunca vuelve a casa tarde.*

We **went into** a bar. / *Entramos en un bar.*

He **went out of** the room.
*Él salió de la habitación.*

I **go past** the bakery everyday.
*Paso por la panadería todos los días.*

The train **went through** a tunel.
*El tren pasó por un túnel.*

## To come: venir

I **came across** the hall to go out.
*Crucé la sala para salir.*

They **come back** home after school.
*Ellos vuelven a casa después de la escuela.*

She's **coming from** work.
*Ella viene del trabajo.*

I'd like to **come to** this place again.
*Me gustaría venir a este lugar otra vez.*

## To walk: caminar

I like **walking along** the 5th Avenue.
*Me gusta pasear por la 5ª Avenida.*

On Sunday afternoons I **walk around** the park.
*Los domingos por la tarde paseo por el parque.*

## To drive: conducir.

We always **drive to** work.
*Siempre vamos en auto al trabajo.*

I **drove past** the station this morning.
*Esta mañana pasé (en auto) por la estación*

## To run: correr.

I **ran back to** my house.
*Volví corriendo a mi casa.*

She **ran out of** the hotel to take a taxi.
*Ella salió corriendo del hotel para tomar un taxi.*

## To travel: viajar.

They are **traveling to** Madrid.
*Ellos están viajando a Madrid.*

I **traveled from** India **to** China by train.
*Viajé desde India a China en tren.*

142

Con el verbo **«to arrive»** *(llegar)* no se usa la preposición «to», sino **«in»** o **«at»**.

### arrive in

*llegar a una ciudad, a un país.*

### arrive at

*llegar a un lugar pequeño,*
*un edificio, un aeropuerto, etc.*

I **arrived in** Bogota at five.
*Llegué a Bogotá a las cinco.*

We **arrived at** the theater.
*Llegamos al teatro.*

Un sinónimo de «arrive» es «get», pero éste sí necesita la preposición «to»:

What time did you **get to** the museum?
*¿A qué hora llegaste al museo?*

La palabra «home» *(casa)* aparece casi siempre sin ninguna preposición de movimiento:

I want to **go home**.
*Quiero irme a casa.*

She **came home** after work.
*Ella vino a casa después de trabajar.*

# Ejercicios

**1.-** Completar las frases con las preposiciones correspondientes.

**a)** She arrived_____ the station at 5.
(to, in, at)

**b)** When does he come_____?
(along, to, back)

**c)** Are you going_____home?
(past, - , to)

**d)** I went _____ the shop.
(back, up, past)

**e)** They were traveling_____the world.
(around, down, to)

**f)** Peter went_____the bathroom.
(through, - , into)

**g)** My sister was walking_____ the sidewalk. (past, through, along)

**h)** I ran _____ home. (across, to, back)

**i)** She swam_____the river.
(back, out of, across)

**j)** The teacher is coming_____ the school. (from, along, through)

143

# unidad 52

1 PREGUNTAS CON PREPOSICIÓN AL FINAL
2 PREGUNTAR POR MARCAS Y MODELOS
3 EL AUTO – *The car*
4 EJERCICIOS

## PREGUNTAS CON PREPOSICIÓN AL FINAL

Ya conocemos cómo realizar frases interrogativas. A continuación vamos a tratar las preguntas que precisan de una preposición al final de las mismas. En español, muchas preguntas comienzan con una preposición, que se coloca delante del pronombre interrogativo:

¿**De** dónde eres?

¿**Con** quién vives?

¿**Para** qué?

En inglés, estas preguntas comienzan con un pronombre interrogativo (what, where, who, etc.) y la preposición se coloca al final de la frase; no al principio.

Where are you **from**?

*¿De dónde eres?*

Who do you live **with**?

*¿Con quién vives?*

What do you need it **for**?

*¿Para qué lo necesitas?*

Who is this gift **for**?

*¿Para quién es este regalo?*

What are you thinking **about**?

*¿En qué estás pensando?*

De manera corta también se pueden realizar preguntas. En ese caso sólo usamos el pronombre interrogativo y la preposición:

| | |
|---|---|
| Where **from**? | *¿De dónde?* |
| Who **with**? | *¿Con quién?* |
| What **for**? | *¿Para qué?* |
| Who **for**? | *¿Para quién?* |

Esas mismas preposiciones se repetirán en la respuesta:

Where are you **from**?
I'm **from** Venezuela.
*¿De dónde eres?*
*Soy de Venezuela.*

Who do you live **with**?
I live **with** my parents.
*¿Con quién vives?*
*Vivo con mis padres.*

Who is this gift **for**?
It's **for** Brenda.
*¿Para quién es este regalo?*
*Es para Brenda.*

Para <u>preguntar por la marca de un producto</u>, como puede ser un auto, decimos:

**What make is it?** / ¿Qué marca es?

**What make is the car?** It's a Ford.
¿Qué marca es el auto? Es un Ford.

Para <u>preguntar por el modelo</u>:

**What model is it?**
It's a 2005 Focus
¿Qué modelo es?
Es un Focus de 2005.

## VOCABULARIO: EL AUTO - *The car*

| | | | |
|---|---|---|---|
| **trunk** | *maletero* | **back seat** | *asiento trasero* |
| **door** | *puerta* | **driver's seat** | *asiento del conductor* |
| **wheel** | *rueda* | **license plate** | *matrícula* |
| **tire** | *neumático* | **exhaust pipe** | *tubo de escape* |
| **steering wheel** | *volante* | **engine** | *motor* |
| **headlight** | *faro delantero* | **dashboard** | *salpicadero* |
| **rearlight** | *faro trasero* | **horn** | *bocina* |
| **fender** | *paragolpes* | **parking brake** | *freno de mano* |
| **rear-view mirror** | *espejo retrovisor* | **accelerator** | *acelerador* |
| **hood** | *capó* | **brake** | *freno* |
| **windshield wiper** | *limpiaparabrisas* | **clutch** | *embrague* |
| **windshield** | *parabrisas* | **battery** | *batería* |
| **seat belt** | *cinturón de seguridad* | **gear box** | *caja de cambios* |

What is the **trunk** for?
*¿Para qué sirve el maletero?*

Fasten your **seat belt**, please.
*Abróchate el cinturón de seguridad, por favor.*

Who did you repair the **engine** with?
*¿Con quién arreglaste el motor?*

# Ejercicios

**1.-** Completar las preguntas con la preposición correspondiente: for, like, with, about, from, in.

**a)** What is he worried _____?

**b)** Which car is the parcel _____?

**c)** What is the parking brake _____?

**d)** Who are you sharing your apartment _____?

**e)** Where did she come _____?

**f)** Who does your brother look _____?

**2.-** ¿Cómo se pregunta
«¿Con quién fuiste al cine?»?

_____

**3.-** ¿Cómo se pregunta
«¿De qué marca es el neumático?»?

_____

**4.-** ¿Qué pedal se pisa en un auto para detenerlo?

_____

**5.-** ¿Cómo se denomina la placa con el número identificativo de un auto?

_____

# unidad 53

1 VERBOS MODALES PARA EXPRESAR PROHIBICIÓN
2 MOSTRAR CONTRASTE: «BUT», «HOWEVER» Y «ALTHOUGH»
3 EL TRÁFICO – *The traffic*
4 EJERCICIOS

## VERBOS MODALES PARA EXPRESAR PROHIBICIÓN

Existen diversas formas para expresar prohibición, algunas de las cuales hacen uso de verbos modales. Así, por ejemplo, se utiliza **«mustn't»** o **«must not»**. Es la forma equivalente a «*no poder hacer algo» (por no deber o no estar permitido).*

You **mustn't** look directly at the sun.
*No podéis mirar directamente al sol.*

They **mustn't** be late for class.
*Ellos no pueden llegar tarde a clase.*

You **mustn't** drive drunk.
*No puedes conducir bebido.*

Pero para expresar prohibición también se usa habitualmente **«can't»**.

You **can't** smoke in this area.
*No pueden fumar en esta zona.*

You **can't** speak loud in a hospital.
*No pueden hablar alto en un hospital.*

## MOSTRAR CONTRASTE: «BUT», «HOWEVER» Y «ALTHOUGH»

En inglés hay varias formas de expresar contraste. En esta unidad se tratarán «**but**» (*pero, sino*), «**however**» (*sin embargo*) y «**although**» (*aunque*).

---

«**But**» y «**however**» contrastan con la idea y/o la oración precedente.

I don't speak French **but** English.
*No hablo francés sino inglés.*

I don't speak French,
**but** I speak English.
*No hablo francés,*
*pero hablo inglés.*

I don't speak French.
**However**, I speak English.
*No hablo francés.*
*Sin embargo, hablo inglés.*

---

**Although**» introduce una frase que contrasta con una anterior o posterior a ella.

**Although** it rained a lot,
we enjoyed our vacation.
*Aunque llovió mucho,*
*disfrutamos de nuestras vacaciones.*

We got up early **although** we
didn't have anything to do.
*Nos levantamos temprano aunque*
*no teníamos nada que hacer.*

---

También se pueden usar «**even though**» y «**though**» como sinónimos de «**although**». «**Even though**» es una forma un tanto enfática.

**Even though** I had time,
I didn't watch that program.
*Aunque tenía tiempo,*
*no vi ese programa.*

He didn't get the job **though**
he had good qualifications.
*Él no consiguió el trabajo*
*aunque tenía buenas calificaciones.*

---

«**Though**» también se puede usar al final de la frase, equivaliendo a «*no obstante, a pesar de ello*».

The house isn't very nice.
I like the garden, **though**.
*La casa no es muy bonita.*
*A pesar de ello, me gusta el jardín.*

147

## VOCABULARIO:
### EL TRÁFICO – *The traffic*

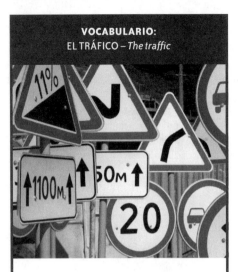

| | |
|---|---|
| **traffic sign**: | *señal de tráfico* |
| **traffic light**: | *semáforo* |
| **crosswalk**: | *paso de cebra* |
| **crossing**: | *cruce* |
| **parking meter**: | *marcador de estacionamiento* |
| **parking lot**: | *zona de estacionamiento* |
| **parking stall**: | *plaza de estacionamiento* |
| **loading zone**: | *zona de carga y descarga* |
| **highway / freeway**: | *autopista* |
| **turnpike**: | *autopista de peaje* |
| **toll**: | *peaje* |
| **lane**: | *carril* |
| **fine, ticket**: | *multa* |
| **accident**: | *accidente* |
| **speed**: | *velocidad* |

He parked his car there, although it is a **loading zone**.
*Aparcó su auto allí, aunque es una zona de carga y descarga.*

---

## Ejercicios

**1.-** Usar «mustn't» para prohibir:

**a)** park your car here. (you)

_____

**b)** walk on the grass. (people)

_____

**c)** drive without license. (he)

_____

**2.-** Completar las frases con «but», «however» o «although» (though).

**d)** Jim isn't tall _____ short.

**e)** There was a crosswalk. _____, she didn't see it.

**f)** _____ he doesn't like animals, he has a cat.

**g)** This is a freeway. _____ , we mustn't exceed the speed limit.

**h)** There was a «Stop» sign. I didn't stop,

_____

**3.-** ¿Cómo se denomina la autopista donde hay que pagar por usarla?

_____

**4.-** ¿Qué nombre tiene el paso por el que cruzan los peatones?

_____

**Soluciones:**

**1.- a)** You mustn't park your car here; **b)** People mustn't walk on the grass; **c)** He mustn't drive without license. **2.- d)** but; **e)** However; **f)** Although; **g)** However; **h)** though. **3.-** Turnpike. **4.-** Crosswalk.

## EL COMPARATIVO DE IGUALDAD

Es la estructura usada cuando se comparan dos elementos con características iguales. Para ello podemos usar adjetivos, adverbios o nombres.

**a)** Con adjetivos y adverbios, la estructura es:

**as + adjetivo / adverbio + as**

tan + adjetivo / adverbio + como

I am **as tall as** you.
*Soy tan alto como tú.*

He is **as intelligent as** his sister.
*Él es tan inteligente como su hermana.*

She came **as late as** last week.
*Ella vino tan tarde como la semana pasada.*

En frases negativas:
**not as + adjetivo / adverbio + as**

My car is**n't as expensive as** this one.
*Mi auto no es tan caro como éste.*

They are**n't as old as** us.
*Ellos no son tan viejos como nosotros.*

En algunos países de habla inglesa, en oraciones negativas, el primer «as» puede sustituirse por «so».

My computer isn't **as** good as this one

=

My computer isn't **so** good as this one

*Mi computadora no es tan buena como ésta.*

Si el segundo elemento de la comparación se sobrentiende, no hace falta usarlo.

Susan is very pretty.
Betty isn't **so pretty**. (as Susan)
*Susan es muy guapa.*
*Betty no es tan guapa. (como Susan)*

**b)** Con nombres, el comparativo de igualdad se forma:

**as much + nombre incontable + as**
*tanto/a + nombre + como*

**as many + nombre contable (plural) + as**
*tantos/as + nombre + como*

She has **as much free time as** me.
*Ella tiene tanto tiempo libre como yo.*

There are **as many oranges as** in the other shop.
*Hay tantas naranjas como en la otra tienda.*

149

En oraciones negativas, el primer «as» también puede sustituirse por «so».

**He's rich. I don't have so much money** (as him).
*Él es rico. Yo no tengo tanto dinero (como él).*

**There aren't so many bananas** (as yesterday).
*No hay tantos plátanos (como ayer).*

---

## VOCABULARIO: EN LA FRUTERÍA – At the fruit shop

| | | | |
|---|---|---|---|
| **orange** | *naranja* | **lemon** | *limón* |
| **apple** | *manzana* | **lime** | *lima* |
| **apricot** | *albaricoque* | **melon** | *melón* |
| **peach** | *melocotón* | **watermelon** | *sandía* |
| **banana** | *plátano* | **pear** | *pera* |
| **cherry** | *cereza* | **pineapple** | *piña* |
| **grape** | *uva* | **plum** | *ciruela* |
| **grapefruit** | *pomelo* | **strawberry** | *fresa* |
| **coconut** | *coco* | **kiwi fruit** | *kiwi* |
| **mango** | *mango* | **fig** | *higo* |

---

The **lemons** are as expensive as the **apples**.
*Los limones son tan caros como las manzanas.*

**Apricots** aren't as big as **peaches**.
*Los albaricoques no son tan grandes como los melocotones.*

There aren't as many **melons** as **pears**.
*No hay tantos melones como peras.*

# Ejercicios

**1.-** Ordenar las palabras para formar frases.

**a)** as book yours is as my interesting.

_____

**b)** aren't as her as parents her generous.

_____

**2.-** Completar con el comparativo de igualdad.

**c)** Are there _____ plums _____ the other day?

**d)** I have _____ juice as you.

**e)** Linda is _____ old _____ Peter.

**f)** They don't work _____ hard _____ me.

**3.-** Añadir las vocales que faltan.

**g)** P _ _ R

**h)** W _ T _ R M _ L _ N

**i)** G R _ P _ F R _ _ T

**j)** L _ M _

---

1  EL COMPARATIVO DE SUPERIORIDAD
2  EJERCICIOS

## EL COMPARATIVO DE SUPERIORIDAD

Al igual que el comparativo de igualdad (unidad 54), se puede formar con adjetivos, adverbios y nombres.

Con adjetivos y adverbios, la estructura en español es:

_más + adjetivo / adverbio + (que)_

En inglés, el comparativo de superioridad se forma de distintas maneras, dependiendo de la cantidad de sílabas de que tenga el adjetivo o adverbio. Así:

- Cuando el adjetivo tiene una sílaba se añade «**-er**» a dicho adjetivo:

| tall | _alto_ | **taller** | _más alto_ |
|------|--------|------------|------------|
| old | _viejo_ | **older** | _más viejo_ |
| young | _joven_ | **younger** | _más joven_ |
| big | _grande_ | **bigger*** | _más grande_ |
| fat | _gordo_ | **fatter*** | _más gordo_ |

*Estos adjetivos duplican la última consonante por acabar en «consonante-vocal-consonante».

My father is **taller**
_Mi padre es más alto_

Her house is **bigger**
_Su casa es más grande_

151

Cuando aparece el otro elemento de comparación, usamos **«than»** *(que)*:

He is **older than** me
*Él es más viejo que yo*

They arrived **later than** him
*Ellos llegaron más tarde que él*

-Cuando el adjetivo tiene tres sílabas o más se usa **«more»**:

| | |
|---|---|
| comfortable | *cómodo* |
| **more comfortable** | *más cómodo* |
| difficult | *difícil* |
| **more difficult** | *más difícil* |
| expensive | *caro* |
| **more expensive** | *más caro* |
| interesting | *interesante* |
| **more interesting** | *más interesante* |

That exercise is **more difficult**
*Ese ejercicio es más difícil*

Susan is **more intelligent than** Betty
*Susan es más inteligente que Betty*

This chair is **more confortable**
*Esta silla es más cómoda*

- Cuando el adjetivo tiene dos sílabas:

**1)** Si acaba en **«–y»**, **«-ow»**, **«-le»** o **«-er»**, forma el comparativo como los adjetivos de una sílaba: **adjetivo + er + (than).**

This road is **narrower than** that one
*Esta carretera es más estrecha que aquella*

John is **cleverer than** Mike
*John es más listo que Mike*

Maggie is **prettier\* than** her sister
*Maggie es más bonita que su hermana*

**\*Cuando el adjetivo acaba en «-y», ésta cambia a «i» antes de añadir «-er».**

**2)** Si acaba de cualquier otra manera, forma el comparativo de superioridad como los adjetivos de tres o más sílabas: **more + adjective + (than)**.

This picture is **more modern**
*Este cuadro es más moderno*

This movie is **more boring than** that one
*Esta película es más aburrida que ésa*

Pero algunos adjetivos y adverbios no siguen estas reglas y forman el comparativo de superioridad de manera irregular. Entre ellos están:

| | |
|---|---|
| good | *bueno* |
| **better** | *mejor* |
| bad(ly) | *malo* |
| **worse** | *peor* |
| far | *lejos* |
| **farther, further** | *más lejos* |
| much | *mucho/a* |
| **more** | *más* |
| many | *muchos/as* |
| **more** | *más* |

My new car is **better than** his
*Mi auto nuevo es mejor que el suyo*

Your situation is **worse than** ours
*Vuestra situación es peor que la nuestra*

They have **more** brothers **than** us
*Ellos tienen más hermanos que nosotros*

Con sustantivos, sólo se ha de usar «**more**» delante de ellos.

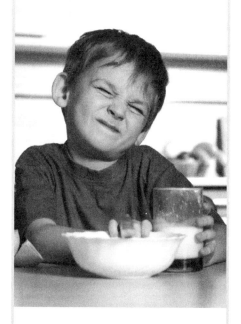

Does he want **more** milk?
*¿Quiere él más leche?*

There are **more** books in the bedroom
*Hay más libros en el dormitorio*

# Ejercicios

**1.-** ¿Cuál es el comparativo de superioridad de ......?

**a)** short _____

**b)** expensive _____

**c)** late _____

**d)** important _____

**e)** good _____

**f)** funny _____

**2.-** Usar el comparativo de superioridad.

**g)** This exercise is _____ than the other. (easy)

**h)** I feel _____ than yesterday. (badly)

**i)** Her hair is _____ than yours. (long)

**j)** We are _____ than them (hard-working)

1.- **a)** shorter; **b)** more expensive; **c)** later;
**d)** more important;
**e)** better; **f)** funnier.
2.- **g)** easier; **h)** worse;
**i)** longer; **j)** more hard-working.

---

# unidad 56

1 EL COMPARATIVO DE INFERIORIDAD
2 LOS ADVERBIOS «TOO» / «ENOUGH»
3 EN LA VERDULERÍA – *At the vegetable store*
4 EJERCICIOS

## EL COMPARATIVO DE INFERIORIDAD

En todos los casos se forma con la estructura:

**less** + adjetivo / adverbio + **(than)**
*menos + adjetivo / adverbio + (que)*

The movie is **less interesting than** the book
*La película es menos interesante que el libro*

Frank is **less friendly than** his brothers.
*Frank es menos simpático que sus hermanos*

Pero con sustantivos se usan:

**less + nombre incontable + (than)**

*menos + nombre + (que)*

**fewer + nombre contable (plural) + (tha**

There is **less** <u>water</u> in the glass
*Hay menos agua en el vaso*

That hotel has **fewer** <u>rooms</u> **than** the Metropolitan
*Ese hotel tiene menos habitaciones que el Metropolitan*

154

# LOS ADVERBIOS «TOO» / «ENOUGH»

«**Too**» se utiliza siempre <u>delante de adjetivos o adverbios</u> y equivale a «*demasiado*».

This exercise is **too** <u>easy</u>
*Este ejercicio es muy fácil*

She got up **too** <u>early</u>
*Ella se levantó demasiado temprano*

---

Después del adjetivo o adverbio se puede usar «to + infinitivo».

They are <u>too young</u> **to drive**
*Son demasiado jóvenes para conducir*

It is <u>too late</u> **to go out**
*Es demasiado tarde para salir*

---

<u>Si acompaña a un nombre, se han de usar «much» o «many».</u>

**too much + nombre incontable**
*demasiado/a + nombre*

**too many + nombre contable (plural)**
*demasiados/as + nombre*

My cousin drank **too much** <u>alcohol</u>
*Mi primo bebió demasiado alcohol*

There were **too many** <u>people</u> at the concert
*Hubo demasiada gente en el concierto*

---

«**Enough**» se usa siempre <u>detrás de un adjetivo o adverbio</u> y equivale a «*lo suficientemente*».

She is <u>rich</u> **enough**
*Es lo suficientemente rica*

I didn't get up <u>early</u> **enough**
*No me levanté lo suficientemente temprano*

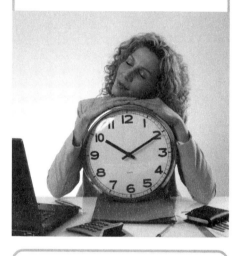

---

También puede ir seguido de «to + infinitivo».

He's <u>tall enough</u> **to play** basketball
*Es lo suficientemente alto para jugar al baloncesto*

---

Pero «**enough**» también se puede usar <u>delante de sustantivos</u>, equivaliendo a «*suficiente*».

There is **enough** <u>milk</u> for the coffe
*Hay suficiente leche para el café*

There weren't **enough** <u>chairs</u> for everybody
*No había suficientes sillas para todos*

## VOCABULARIO:
### EN LA VERDULERÍA
*At the vegetable store*

| | |
|---|---|
| **eggplant** | *berenjena* |
| **beans** | *alubias* |
| **cabbage** | *col* |
| **lettuce** | *lechuga* |
| **cucumber** | *pepino* |
| **tomato** | *tomate* |
| **pepper** | *pimiento* |
| **carrot** | *zanahoria* |
| **cauliflower** | *coliflor* |
| **garlic** | *ajo* |
| **zucchini** | *calabacín* |
| **leek** | *puerro* |
| **lentils** | *lentejas* |
| **mushroom** | *champiñón* |
| **onion** | *cebolla* |
| **peas** | *guisantes* |
| **potato** | *patata* |
| **pumpkin** | *calabaza* |
| **spinach** | *espinacas* |
| **sweet potato** | *boniato* |

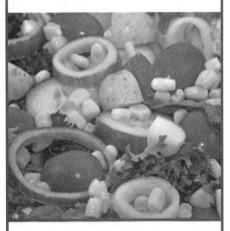

Are there enough
**cucumbers** for the salad?
*¿Hay suficientes pepinos
para la ensalada?*

There were too many
**potatoes** on the table
*Había demasiadas
patatas en la mesa*

**1.-** Completar con «less» o «fewer».

**a)** We have_____ money to spend.

**b)** There's_____ water in the river.

**c)** Are there _____ cars in the shop?

**d)** Now I have_____ books than before.

**2.-** Completar con «too» o «enough» y la palabra entre paréntesis.

**e)** You aren't _____ (old) to drive.

**f)** The garden isn't_____(big) to play soccer.

**g)** This suitcase is ____ (heavy). I can't carry it.

**h)** The computer is_____ (slow).

**3.-** Usar «too much» o «too many».

**i)** There wasn't _____ orange juice.

**j)** Did you buy _____ leeks?

*Soluciones:*
**1.- a)** less; **b)** less;
**c)** fewer; **d)** fewer.
**2.- e)** old enough; **f)** big
enough; **g)** too heavy;
**h)** too slow. **3.- i)** too much; **j)** too many.

## EL SUPERLATIVO

Es la forma utilizada, no para comparar, sino para destacar a un elemento sobre el resto.

En español sería:

**El/la/los/las +** sustantivo **+ más + adjetivo +** (de)
*El* cuadro **más caro** *(de la tienda).*

Para estudiarlos hacemos la misma división que cuando estudiamos los comparativos de superioridad (unidad 55).

- Cuando el adjetivo tiene una sílaba se añade «**-est**» a dicho adjetivo, que irá precedido del artículo «**the**»:

| | |
|---|---|
| tall | *alto* |
| **the tallest** | *el más alto* |
| old | *viejo* |
| **the oldest** | *el más viejo* |
| big | *grande* |
| **the biggest\*** | *el más grande* |
| fat | *gordo* |
| **the fattest\*** | *el más gordo* |

\*Estos adjetivos doblan la última consonante por acabar en «consonante-vocal-consonante».

Para expresar el superlativo en inglés hemos de tener en cuenta que, al ser un grado del adjetivo, toda la estructura ha ir delante del sustantivo.

He is **the tallest** boy
*Él es el chico más alto*

That is **the biggest** box
*Ésa es la caja más grande*

Cuando aparece el grupo o lugar sobre el que se destaca un elemento, se usa «**in**».

He is **the youngest** boy **in** the class
*Él es el chico más joven de la clase*

It's **the cheapest** toy **in** the shop
*Es el juguete más barato de la tienda*

- Cuando el adjetivo tiene tres sílabas o más se usa **«the most»** delante de dicho adjetivo:

---

comfortable

*cómodo*

**the most comfortable**

*el más cómodo*

difficult

*difícil*

**the most difficult**

*el más difícil*

expensive

*caro*

**the most expensive**

*el más caro*

---

This is the **most comfortable** chair
*Ésta es la silla más cómoda*

It is **the most important** question **in** the test
*Es la pregunta más importante del examen*

---

- Cuando el adjetivo tiene dos sílabas:

**1)** Si acaba en **«–y»**, **«-ow»**, **«-le»** o **«-er»**, forma el superlativo como los adjetivos de una sílaba:

> **the + adjetivo + est.**

This is **the narrowest** road
*Esta es la carretera más estrecha*

Maggie is the **prettiest\*** girl in the party
*Maggie es la chica más guapa de la fiesta*

\*Cuando el adjetivo acaba en «-y», ésta cambia a «i» antes de añadir «-er».

---

**2)** Si acaba de cualquier otra manera, forma el comparativo como los adjetivos de tres o más sílabas:

> **the + most + adjective.**

This is **the most modern** pair of jeans
*Éstos son los pantalones tejanos más modernos*

It's **the most boring** activity
*Es la actividad más aburrida*

---

Pero algunos adjetivos y adverbios forman el superlativo de manera irregular. Entre ellos están:

---

good

*bueno*

**the best**

*el mejor*

bad

*malo*

**the worst**

*el peor*

far

*lejos*

**the farthest, the furthest**

*el más lejano*

---

He is **the worst** student
*Él es el peor estudiante*

This is **the best** movie
*Ésta es la mejor película*

# Ejercicios

**1.-** ¿Cuál es el superlativo de …..?

**a)** happy _____

**b)** interesting _____

**c)** lazy _____

**d)** bad _____

**e)** modern _____

**f)** thin _____

---

**2.-** Completa las frases con el superlativo de los adjetivos entre paréntesis

**g)** She is _____ (funny) person in my class.

**h)** This is _____ (small) box.

**i)** That was _____ (difficult) exercise in the test.

**j)** Are you _____ (tall) person in your team?

*Soluciones:*
**1.- a)** the happiest;
**b)** the most interesting;
**c)** the laziest; **d)** the
worst; **e)** the most
modern; **f)** the thinnest. **2.- g)** the
funniest; **h)** the smallest; **i)** the most
difficult; **j)** the tallest.

---

# unidad 58

## LOS PRONOMBRES «ONE / ONES»

Los pronombres «**one**» (para el singular) y «**ones**» (para el plural) sustituyen a un nombre ya usado en la frase o bien sobrentendido en la conversación, para evitar su repetición.

This book is interesting, but that **one** is boring.
[«one» sustituye a «book»]
*Este libro es interesante, pero ése es aburrido.*

- That's my car
*- Ése es mi auto*

- Which **one**?
[«one» sustituye a «car»]
*- ¿Cuál?*

I like that car. I don't like these **ones**.
[«ones» sustituye a «cars»]
*Me gusta ese auto. No me gustan estos.*

Do you prefer green grapes or black **ones**?
[«ones» sustituye a «grapes»]
*¿Prefieres las uvas verdes o negras?*

## LA PREPOSICIÓN «FOR»

«For» es una de las preposiciones más frecuentes en inglés, pero su uso puede ser un poco confuso. En general, equivale a «*para*» y «*por*», pero también tiene otros significados. A continuación se muestran algunos de sus usos más habituales.

**a)** Destinatario (*para*)
This is **for** her
*Esto es para ella*

**b)** Uso, propósito (*para*)
This key is **for** opening doors
*Esta llave es para abrir puertas*

**c)** Motivo, resultado (*por*)
She is famous **for** her songs
*Ella es famosa por sus canciones*

**d)** En búsqueda de (*a por*)
She's gone **for** some cakes
*Ella ha ido a por pasteles*

**e)** Como (*para*)
I had chicken **for** lunch.
*Almorcé pollo (Tomé pollo para almorzar).*

**f)** Compra o venta (*por*)
He bought his house **for** a lot of money
*Él compró su casa por mucho dinero*

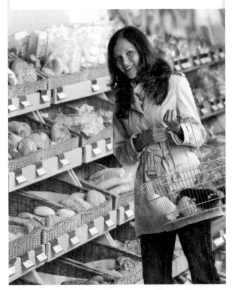

**g)** Destino (*para*)
That's the train **for** New York
*Ése es el tren para Nueva York*

**h)** Duración (*por, durante*)
I was living in Madrid **for** two years
*Estuve viviendo en Madrid durante dos añc*

«**For**» también es usado en muchas otras expresiones y como parte de verbos con preposición (to look **for**: *buscar*).

## VOCABULARIO:
### EN LA CARNICERÍA - *At the butcher's*

| | |
|---|---|
| **meat** | *carne* |
| **beef** | *carne de vaca* |
| **lamb** | *cordero* |
| **chicken** | *pollo* |
| **pork** | *carne de cerdo* |
| **veal** | *ternera* |
| **steak** | *filete* |
| **chop** | *chuleta* |
| **rib** | *costilla* |
| **sausage** | *salchicha* |
| **(ham)burger** | *hamburguesa* |
| **roast** | *asado* |
| **meat balls** | *albóndigas* |
| **ham** | *jamón* |
| **liver** | *hígado* |
| **kidneys** | *riñones* |
| **bacon** | *panceta* |

I don't like these **ribs**.
I prefer those ones.
*No me gustan estas costillas.*
*Prefiero ésas.*

They need some **beef** for the meal.
*Ellos necesitan carne de*
*vaca para la comida.*

# Ejercicios

**1.-** Completar los espacios con
«one» o «ones».

**a)** Are these your shoes? No, the black \_\_\_\_\_
are mine.
**b)** On the table there are two red pens
and a blue _____
**c)** Look at those pictures. That is the
cheapest _____
**d)** Do you like meat balls?
Yes, these_____ are yummy.

**2.-** Ordenar las palabras
para formar frases.

**e)** sold car I for dollars my 4,000.
_____

**f)** breakfast what having for are they ?
_____

**g)** grandmother gift is this your for.
_____

**h)** hamburger is but delicious this that
is one disgusting.
_____

**3.-** ¿Cómo se denomina la carne de cerdo?
_____

**4.-** Encontrar cinco palabras relacionadas
con la carne en esta serie de letras.

U R O A S T P O R V E A L A M B M E A
C H O P L T V L I V E R C M E A S

161

## LOS VERBOS «TO DO» Y «TO MAKE»

Estos verbos son confundidos a menudo. Sus significados son parecidos, los dos equivalen a «*hacer*», pero existen diferencias entre ambos. La principal es que «**do**» se usa con sentido general de «*realizar*» o «*llevar a cabo*» y «**make**» con sentido de «*elaborar*», «*fabricar*», «*producir*». Pese a ello, también hay excepciones.

### TO DO:

**a)** Idea general de «hacer».

I'm not **doing** anything today
*No estoy haciendo nada hoy*

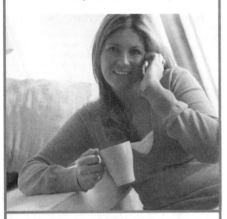

**b)** Con actividades que expresan actividades o faenas cotidianas (ver unidad 43).

She **did** her homework
*Ella hizo sus deberes*

They never **do** the cleaning at home
*Ellos nunca hacen la limpieza en casa*

**c)** Aparece en muchas expresiones, tales como:

**to do a favor**

*hacer un favor*

**to do business**

*hacer negocios*

**to do an excercise**

*hacer un ejercicio*

**to do harm**

*hacer daño*

Can you **do** me **a favor**, please?
*¿Puedes hacerme un favor, por favor?*

Did you **do business** with him?
*¿Hiciste negocios con él?*

## TO MAKE:

**a)** Idea de fabricar, construir, crear o elaborar algo. Por esta razón es usado, por ejemplo, con aquello que se cocina.

What are you **making** for dinner?
*¿Qué estás haciendo de cena?*

I'm **making** soup and fried chicken
*Estoy haciendo sopa y pollo frito*

**b)** Aparece también en muchas expresiones, como:

| | |
|---|---|
| **to make a mess** | |
| *desordenar* | |
| **to make the bed** | |
| *hacer la cama* | |
| **to make a phone call** | |
| *hacer una llamada* | |
| **to make plans** | |
| *hacer planes* | |
| **to make a decision** | |
| *tomar una decisión* | |
| **to make a noise** | |
| *hacer ruido* | |
| **to make a mistake** | |
| *cometer un error* | |
| **to make money** | |
| *hacer dinero* | |
| **to make an effort** | |
| *hacer un esfuerzo* | |
| **to make progress** | |
| *progresar* | |
| **to make friends** | |
| *hacer amigos* | |

Excuse me. I have **to make a call**
*Perdona, tengo que hacer una llamada*

They **made an effort** and passed the exam
*Hicieron un esfuerzo y aprobaron el examen*

## VOCABULARIO:
### EN LA PESCADERÍA
*At the fish market*

| | |
|---|---|
| **fish** | *pez, pescado* |
| **cod** | *bacalao* |
| **sole** | *lenguado* |
| **sardine** | *sardina* |
| **tuna** | *atún* |
| **salmon** | *salmón* |
| **shark** | *tiburón* |
| **swordfish** | *pez espada* |
| **hake** | *merluza* |
| **trout** | *trucha* |
| **seafood, shellfish** | *marisco(s)* |
| **clam** | *almeja* |
| **crab** | *cangrejo* |
| **shrimp** | *gamba* |
| **prawn** | *langostino* |
| **lobster** | *langosta* |
| **mussel** | *mejillón* |
| **oyster** | *ostra* |
| **squid** | *calamar* |
| **octopus** | *pulpo* |

I am doing the shopping because I need some **prawns**, **shrimps**, **mussels**, **clams** and **squids** to make a paella
*Estoy haciendo la compra porque necesito langostinos, gambas, mejillones, almejas y calamares para hacer una paella*

163

## Ejercicios

**1.-** Usar «do» o «make» en el tiempo correspondiente.

**a)** What are you _____?

**b)** She_____ business with them some years ago.

**c)** Are they _____ plans for their vacation?

**d)** _____ gymnastics is good for your health.

**e)** My grandmother _____ a cake for my last birthday.

**f)** This car o that one? You have to _____ a decision.

**g)** We _____ some friends when we went to England.

**2.-** Completar las letras de este vocabulario relativo a la pescadería.

**h)** _ A _ D _ N _

**i)** _ C _ O _ U _

**j)** _ U _ S _ L

Soluciones:

**1.- a)** doing?; **b)** did; **c)** making; **d)** Doing; **e)** made; **f)** make; **g)** made. **2.- h)** SARDINE; **i)** OCTOPUS; **j)** MUSSEL.

# unidad 60

**contenido**

1. TAG QUESTIONS
2. RECIPIENTES O FORMAS DE PRESENTAR PRODUCTOS
3. EJERCICIOS

## TAG QUESTIONS

Son pequeñas preguntas que se colocan al final de la frase para pedir confirmación de lo que se dice. Equivalen a «¿verdad?» o «¿no?» y se forman con un auxiliar (to be, do, does, did, can, could, etc.) y un pronombre personal sujeto (I, you, he, etc.).

**a)** Si en la frase hay un auxiliar, lo utilizamos para la «tag question» junto al pronombre correspondiente. Si la frase es afirmativa, el auxiliar se usa de forma negativa en la «tag question» y viceversa.

You **are** from Mexico, **aren't** you?
*Tú eres de México, ¿verdad?*

He **isn't** rich, **is** he?
*Él no es rico, ¿verdad?*

Your mother **was** hot, **wasn't** she?
*Tu madre tenía calor, ¿verdad?*

You **weren't** working, **were** you?
*Tú no estabas trabajando, ¿verdad?*

Your friends **can** cook, **can't** they?
*Tus amigos saben cocinar, ¿verdad?*

164

Cuando el sujeto de la frase es «I», el auxiliar es «to be» y la frase es afirmativa, en la «tag question» no usamos «am not I?», sino «aren't I?»:

**I am** your teacher, **aren't I**?
*Yo soy vuestro profesor, ¿verdad?*

Los alimentos se suelen presentar con distintos tipos de envase o contenedor, o bien en ciertas cantidades. Así:

**a bag of** potatoes
*una bolsa de patatas*

**a bottle of** wine
*una botella de vino*

**b)** Si en la frase no hay verbo auxiliar, para la «tag question» usaremos «do-does/don't-doesn't» si la frase está en presente, y «did/didn't» si está en pasado.

**a box of** cereal
*una caja de cereales*

**a bunch of** grapes
*un racimo de uvas*

**a can of** coke
*una lata de cola*

**a carton of** milk
*un cartón de leche*

You **work** as an accountant, **don't** you?
*Trabajas como contable, ¿verdad?*

They **don't live** in California, **do** they?
*Ellos no viven en California, ¿verdad?*

His father **drives** very fast, **doesn't** he?
*Su padre conduce muy rápido, ¿verdad?*

She **doesn't waste** her money, **does** she?
*Ella no malgasta su dinero, ¿verdad?*

We **bought** some sugar, **didn't** we?
*Compramos azúcar, ¿verdad?*

You **didn't go** to the gym, **did** you?
*No fuiste al gimnasio, ¿verdad?*

**a jar of** jam
*un bote de mermelada*

**a loaf of** bread
*una pieza (barra) de pan*

**a piece of** cheese
*un trozo (porción) de queso*

**a six-pack of** beer
*un pack de seis cervezas*

**a dozen** eggs*
*una docena de huevos*

\* Esta expresión no usa la preposición **«of»**.

We need to buy **a carton of** orange juice, **a bunch of** grapes, **two cans of** beer, **a dozen** eggs and **a loaf of** bread.
*Necesitamos comprar un cartón de jugo de naranja, un racimo de uvas, dos latas de cerveza, una docena de huevos y una barra de pan.*

**1.-** Completar con la «tag question».

**a)** Sheila is an artist, _____ ?

**b)** I don't know you, _____ ?

**c)** He likes her, _____ ?

**d)** Your parents can't speak Chinese,
_____ ?

**e)** Those books are cheap,
_____ ?

**f)** You bought a bottle of beer,
_____ ?

**g)** Peter didn't come to the party,
_____ ?

**2.-** ¿En qué tipo de envase solemos encontrar........?

**h)** la leche _____

**i)** la mermelada _____

**j)** el vino _____

166

# unidad 61

**contenidos**

1. EL VERBO «ESPERAR»
   [«TO HOPE», «TO EXPECT» Y «TO WAIT (FOR)»]
2. «TAMBIÉN» Y «TAMPOCO»
3. LAS EDADES – *Ages*
4. EJERCICIOS

## EL VERBO «ESPERAR» [«TO HOPE», «TO EXPECT» Y «TO WAIT (FOR)»]

El verbo «*esperar*» tiene tres equivalentes en inglés: «to **hope**», «to **expect**» y «to **wait (for)**», que se usan en distintas situaciones.

«**To hope**» implica tener deseo o esperanza de que algo ocurra, sin tener evidencia de que ello va a suceder. Es más emocional.

I **hope** he does well tomorrow
*Espero que lo haga bien mañana*

We **hope** to win the lottery
*Esperamos ganar la lotería*

«**To expect**» se usa al esperar algo con evidencia de que va a tener lugar. Es más mental.

She is **expecting** a baby
*Ella está esperando un hijo*

I **expect** him to come at six
*Espero que él venga a las seis
(porque tenemos una cita)*

«**To wait**» expresa la espera física. Si se espera algo o a alguien, usamos la preposición «**for**».

My mother is **waiting for** me
*Mi madre me está esperando*

Are you **waiting for** the bus?
*¿Estás esperando el autobús?*

## «TAMBIÉN» Y «TAMPOCO»

En la unidad 30 se tratan algunas formas para expresar «*también*» (also, too, as well). Otra de ellas aparece cuando se hace alguna declaración y se quiere añadir que otra persona también realiza la acción, para lo que se usa:

### So + auxiliar (afirmativo) + sujeto

Si la primera declaración contiene un verbo auxiliar, se usará el mismo la segunda vez, pero si no lo contiene, tendremos que hacer uso de «do/does/did».

She <u>is</u> Spanish. **So am I**
*Ella es española. Yo, también*

They <u>can</u> speak Arabic. **So can he**
*Ellos saben hablar árabe. Él, también*

My sister <u>likes</u> traveling. **So do I**
*A mi hermana le gusta viajar. A mí, también*

I usually <u>read</u> the newspaper.
**So does my mother**
*Normalmente leo el periódico.
Mi madre, también*

Brenda <u>went</u> to school by bus. **So did we**
*Brenda fue a la escuela en autobús.
Nosotros, también*

Si lo que se expresa es que alguien no realiza una acción y se añade que otra persona «*tampoco*», se usa:

**Neither + auxiliar (afirmativo) + sujeto**

They <u>aren't</u> waiting for me.
**Neither is she**
*Ellos no me están esperando.*
*Ella, tampoco*

Susan <u>can't</u> watch the movie.
**Neither can I**
*Susan no puede ver la película.*
*Yo, tampoco*

John <u>doesn't study</u> geography.
**Neither do I**
*John no estudia geografía.*
*Yo, tampoco*

I <u>didn't have</u> breakfast.
**Neither did Peter**
*Yo no desayuné.*
*Peter, tampoco*

**baby** / *bebé*

**child** / *niño, niña*

**children**: *niños/as*

**young boy / girl**
*joven, muchacho/a*

**teenager**
*adolescente*

**adult (man/woman)**
*adulto/a*

**elderly / old people**
*gente mayor*

**old man/woman**
*anciano/a*

**Old people** don't sleep much.
Neither does my father.
*La gente mayor no duerme mucho.*
*Mi padre, tampoco.*

## Ejercicios

**1.-** Completar las frases con los verbos «to hope», «to expect» o «to wait (for)».

**a)** I get very annoyed when I have to _____

**b)** The experts _____ a crisis.

**c)** They were _____ the train at the station.

**d)** I _____ it doesn't rain next week.

---

**2.-** Completar con «so» o «neither».

**e)** I'm exhausted. _____ Barbara.

**f)** He didn't finish it. _____ I.

**g)** They weren't tired. _____ James.

**h)** William has a red car. _____ I.

---

**3.-** Completar las edades con las vocales que faltan.

**i)** T _ _ N _ G _ R

**j)** _ L D _ R L Y  P _ _ P L _

*Soluciones:*
**1.- a)** wait; **b)** expect;
**c)** waiting for; **d)** hope.
**2.- e)** So is Barbara.
**f)** Neither did I; **g)** Neither
was James; **h)** So do I. **3.- i)** TEENAGER;
**j)** ELDERLY PEOPLE.

# unidad 62

contenido

1. EL FUTURO SIMPLE: WILL + INFINITIVO
2. ADVERBIOS DE TIEMPO PARA EL FUTURO
3. EJERCICIOS

### EL FUTURO SIMPLE: WILL + INFINITIVO

**«Will»** es un auxiliar que, delante del **infinitivo** del verbo (sin «to»), lo transforma en futuro. Es una forma invariable para todas las personas. Así:

| [To have: *tener*] | | |
|---|---|---|
| I | **will** <u>have</u> | *yo tendré* |
| you | **will** <u>have</u> | *tú tendrás, usted tendrá* |
| he | **will** <u>have</u> | *él tendrá* |
| she | **will** <u>have</u> | *ella tendrá* |
| it | **will** <u>have</u> | *tendrá* |
| we | **will** <u>have</u> | *nosotros/as tendremos* |
| you | **will** <u>have</u> | *vosotros/as tendréis, ustedes tendrán* |
| they | **will** <u>have</u> | *ellos/as tendrán* |

He **will** get a new job
*Él conseguirá un nuevo trabajo*

I **will** send you a postcard from Italy
*Te enviaré una postal desde Italia*

169

**«Will»** se puede contraer en **«'ll»**:

I**'ll** help you / *Te ayudaré*

They**'ll** come soon
*Ellos vendrán pronto*

En frases negativas usamos
**«will not»** o su contracción,
**«won't»**, y el verbo en infinitivo:

They **won't**
<u>win</u> the match
*Ellos no
ganarán el
partido*

He **won't** <u>be</u> late
*Él no llegará tarde*

En preguntas se coloca
**«will»** delante del sujeto:

**Will** you get married? / *¿Te casarás?*

What **will** she do? / *¿Qué hará ella?*

Tanto **«will»** como **«won't»** se utilizan
también en respuestan cortas:

**Will** it rain tomorrow? Yes, it **will**
*¿Lloverá mañana? Sí, lo hará*

**Will** she phone you? No, she **won't**
*¿Te llamará por teléfono? No, no lo hará*

**a)** Para predicciones futuras:

She**'ll** get a better job
*Ella conseguirá un trabajo mejor*

**b)** Para expresar decisiones espontáneas:

- There aren't any potatoes
  *- No hay patatas*

- OK. I**'ll** buy some
  *- Bueno. Compraré algunas.*

**c)** Para invitaciones:

**Will** you come to the party?
*¿Vendrás a la fiesta?*

**d)** Para pedir ayuda o un favor:

**Will** you help me?
*¿Puedes ayudarme?*

Al usar frases en futuro es muy frecuente el uso de adverbios de tiempo. Algunos de los usados con este tiempo son:

| tomorrow | | mañana | |
|---|---|---|---|
| | **morning** | | mañana |
| **tomorrow** | **afternoon** | mañana | por la tarde |
| | **evening** | | noche |
| **the day after tomorrow** | | pasado mañana | |
| | **week** | la próxima semana | |
| **next** | **month** | el próximo mes | |
| | **year** | el próximo año | |
| | **Sunday** | el próximo domingo | |
| **in + período de tiempo** | | en/dentro de + período de tiempo | |
| **later** | | más tarde, después | |
| **soon** | | pronto | |

I'll phone you **tomorrow morning**
*Te llamaré mañana por la mañana*

They won't come **later**
*Ellos no vendrán después*

Will you visit us **in two months**?
*¿Nos visitarás dentro de dos meses?*

## Ejercicios

**1.- Transformar a futuro:**

**a)** Mary's here today. _____
_____ tomorrow.

**b)** They don't go swimming.

_____

**c)** Do you live in a big apartment?

_____

**d)** Where does he buy the tickets?

_____

**e)** I go to bed early.

_____

---

**2.- Ordenar las palabras para formar frases.**

**f)** after will do lunch what she ?

_____

**g)** India to I next won't year go.

_____

**h)** evening will her tomorrow see we.

_____

---

**3.- ¿»Next» o «last»?**

**i)** My friends came home _____ Friday.

**j)** My friends will come home _____ Friday.

---

*Soluciones:*

**1.- a)** Mary will be here; **b)** They won't go swimming; **c)** Will you live in a big apartment?; **d)** Where will he buy the tickets?; **e)** I will / I'll go to bed early. **2.- f)** What will she do after lunch?; **g)** I won't go to India next year; **h)** We will see her tomorrow evening. **3.- i)** last; **j)** next.

---

# unidad 63

contenido

## EL FUTURO DE INTENCIÓN: «BE GOING TO + INFINITIVO»

Además del uso de «will», otra forma de futuro se expresa por medio del **presente del verbo «to be» (am / are / is) + going to + infinitivo**.

Se utiliza:

**1) Para expresar planes o intenciones:**

She **is going to** buy a magazine
*Ella va a comprar una revista*

**2) Para hacer una predicción con evidencia:**

It's cloudy. It**'s going to** rain
*Está nublado. Va a llover*

Sus formas son:

**a) En frases afirmativas:**

He **is going to** make a cake

*Él va a hacer un pastel*

They **are going to** be late
*Ellos van a llegar tarde*

El verbo «to be» se puede contraer:

You**'re going to** learn many things
*Vas a aprender muchas cosas*

He**'s going to** listen to the radio
*Él va a escuchar la radio*

**I am not going to write** a book
*No voy a escribir un libro*

**They aren't going to** sell their apartment
*Ellos no van a vender su apartamento.*

**Are** you **going to** buy a dictionary?
*¿Vas a comprar un diccionario?*

Where **is** your sister **going to** live?
*¿Dónde va a vivir tu hermana?*

**Are** you going to see the
match on TV? Yes, I **am**.
*¿Vas a ver el partido en televisión? Sí.*

**Is** he going to be your
teacher? No, he **isn't**.
*¿Él va a ser tu profesor? No.*

**I'm going to** the movies on Saturday
*El sábado voy a ir al cine*

They**'re coming to** the meeting
*Ellos van a venir a la reunión*

## Recuerda

Coloquialmente, en inglés
americano hablado es muy frecuente
el uso de **«gonna»** por «going to»:

We're **gonna** move house
*Nos vamos a mudar de casa*

173

## VOCABULARIO:
## EL JARDÍN – *The garden*

| | |
|---|---|
| **flower** | *flor* |
| **tree** | *árbol* |
| **bush** | *arbusto* |
| **grass/lawn** | *hierba, césped* |
| **lawnmower** | *cortacésped* |
| **rake** | *rastrillo* |
| **watering-can**: | *regadera* |
| **flowerpot** | *macetero* |
| **to water** | *regar* |
| **fence** | *valla* |
| **barbecue** | *barbacoa* |
| **gate** | *puerta* |
| **flower-bed** | *jardinera* |
| **hedge** | *seto* |

Are you going to **water** the plants?
*¿Vas a regar las plantas?*

I'm not going to buy a new **lawnmower**.
*No voy a comprar un cortacésped nuevo.*

# Ejercicios

**1.-** Forma frases con el futuro de intención.

**a)** (Fred / study / history)

_____

**b)** (you / go / supermarket)

_____ ?

**c)** (They / not / watch / the movie)

_____

**d)** (I / not / read / that book)

_____

**e)** (his dogs / eat / now)

_____ ?

**f)** (Luke / smoke / a cigar)

_____

**2.-** Traduce estas palabras y se leerá verticalmente otra relacionada con el jardín:

**g)** macetero          **h)** rastrillo
**i)** regadera          **j)** valla

174

# unidad 64

## EL FUTURO CONCERTADO

El futuro concertado es el tiempo usado para aquella acción futura que ya se ha acordado o convenido.De alguna manera, sería el utilizado con aquellas acciones que apuntaríamos en una agenda.

A veces esta forma de futuro puede confundirse con el futuro de intención (be going to). Uno expresa que la acción ya está acordada (presente continuo) y el otro sólo expresa un deseo, una intención.

Se forma con el **presente continuo** del verbo que usemos.

On May, 11<sup>th</sup>, **I'm seeing** the dentist.
*El 11 de mayo voy a ver al dentista.*

**She's flying** to New York tomorrow morning.
*Ella volará a Nueva York mañana por la mañana.*

We **aren't meeting** on Friday.
*No vamos a reunirnos el viernes.*

We **are getting married** next month.
*Vamos a casarnos el próximo mes.*

**I'm having lunch** with Michael next Wednesday.
*Voy a comer con Michael el miércoles próximo. (Así lo hemos acordado)*

**I'm going to have lunch** with Michael next Wednesday.
*Voy a comer con Michael el miércoles próximo. (Es mi intención)*

## EXPRESIONES PARA REAFIRMAR IDEAS

En una conversación es frecuente reafirmar ideas que se van diciendo. Para ello se utilizan expresiones como:

de hecho,
en realidad,
realmente
{
in fact
as a matter of fact
really
actually
}

Como vemos, todas estas expresiones son sinónimas.

I'm good at geography.
**In fact**, it's my favorite subject.
*Se me da bien la geografía.*
*De hecho, es mi asignatura favorita.*

He's tall. **As a matter of fact**,
he's taller than his father.
*Él es alto. De hecho, es*
*más alto que su padre.*

Are you **really** well?
*¿Estás realmente bien?*

I play soccer. **Actually**, it's
the only exercise I do.
*Juego al fútbol. En realidad, es*
*el único ejercicio que hago.*

## VOCABULARIO:
EN LA TIENDA DE ROPA
*At the clothing store*

Frases usuales en la tienda de ropa:

**Can I help you?** / *¿Puedo ayudarle?*

**I'm just looking** / *Sólo estoy mirando.*

**I'd like a...** / *Quiero un...*

**Do you have...?** / *¿Tienen...?*

**Can I try it on?** / *¿Puedo probármelo?*

**What size is it?** / *¿Qué talla es?*

**What size do you take?**
*¿Qué talla tiene usted?*

**Do you have it in a different color?**
*¿Lo tiene en otro color?*

**I'll take it.** / *Me lo llevo*

**Can you gift-wrap it for me, please?**
*¿Me lo puede envolver para*
*regalo, por favor?*

**That is all** / *Es todo*

**Can I pay by credit card?**
*¿Puedo pagar con tarjeta de crédito?*

**Sorry, we only accept cash**
*Lo siento, sólo aceptamos en efectivo*

# Ejercicios

**1.-** Usar el futuro concertado o el de intención en las frases siguientes:

**a)** They _____ (come) for a meal tonight.

**b)** I phoned my parents and I _____ (visit) them on the weekend.

**c)** Where _____ you _____ (go)?

**d)** They _____ (build) a new casino.

**e)** What day _____ she _____ (meet) John?

**2.-** Ordenar las palabras para formar frases.

**f)** I don't like it. (horrible actually is it).

_____

**g)** He plays tennis very well.
(he fact is best player tennis in the).

_____

**3.-** ¿Cómo preguntas si puedes probarte la camisa en una tienda de ropa?

_____

**4.-** ¿Cómo se pregunta por la talla que alguien tiene?

_____

**5.-** ¿Cómo preguntas si puedes pagar con tarjeta de crédito?

_____

*Soluciones:*

**1.- a)** are coming;
**b)** am visiting; **c)** are ... going; **d)** are going to build; **e)** is ... meeting.
**2.- f)** Actually, it is horrible; **g)** In fact, he is the best tennis player. **3.-** Can I try the shirt on? **4.-** What size do you take? **5.-** Can I pay by credit card?

# unidad 65

**contenido**

1 LOS VERBOS «TO MEET» Y «TO KNOW»
2 EXPRESAR ACUERDO O DESACUERDO
3 EN EL BANCO – *At the bank*
4 EJERCICIOS

## LOS VERBOS «TO MEET» Y «TO KNOW»

Estos verbos pueden confundirse en algunas situaciones.

### «To meet» significa «conocer a alguien».

**I met** your father last week
*Conocí a tu padre la semana pasada*

**I'd like to meet** her
*Me gustaría conocerla*

A veces puede ir acompañado del ordinal «first»:

**I first met** him last year
*Lo conocí el año pasado*

Además, «**to meet**» significa también «*reunirse, encontrarse*».

We **meet** every Friday
*Nos reunimos todos los viernes*

Let's **meet** tomorrow!
*¡Vamos a vernos mañana!*

«**<u>To know</u>**» también significa «*conocer*», pero con sentido de «*tener como conocido*».

**I know** him very well
*Lo conozco muy bien*

She **knows** the president
*Ella conoce al presidente*

Al hablar de lugares, nunca utilizaríamos «to meet», sino «to know».

**I know** London well
*Conozco Londres bien*

## EXPRESAR ACUERDO O DESACUERDO

**a)** La forma más usual de mostrar acuerdo es diciendo:

**I agree** (*estoy de acuerdo*).

- These views are beautiful!
- Yes, **I agree**
– *¡Estas vistas son preciosas!*
– *Sí, estoy de acuerdo.*

Se puede estar de acuerdo con algo o con alguien. Entonces usamos «with»:

- Eating vegetables is healthy
- Yes, **I agree with** <u>that</u>
- *Comer verdura es saludable*
- *Sí, estoy de acuerdo con eso*

- I want to go to university
- **I agree with** <u>you</u>. It's a great idea!
- *Quiero ir a la universidad*
- *Estoy de acuerdo contigo. Es una gran idea*

Otras maneras de mostrar acuerdo o conformidad:

**That's settled!** / *¡Hecho!*

**It's a deal!** / *¡Trato hecho!*

**b)** Para mostrar desacuerdo se puede decir **I don't agree** o **I disagree** (*no estoy de acuerdo*).

-Going to the beach is a good plan for the weekend
-**I disagree**. It's going to rain
-*Ir a la playa es un buen plan para el fin de semana*
-*No estoy de acuerdo. Va a llover.*

## VOCABULARIO:
### EN EL BANCO – At the bank

| | |
|---|---|
| **loan** | *préstamo* |
| **debt** | *deuda* |
| **check** | *cheque* |
| **current account** | *cuenta corriente* |
| **window** | *ventanilla* |
| **line** | *cola* |
| **credit** | *crédito* |
| **debit** | *débito* |
| **cash** | *dinero en efectivo* |
| **mortgage** | *hipoteca* |
| **foreign currency** | *moneda extranjera* |
| **safe** | *caja fuerte* |
| **ATM** | *cajero automático* |
| **teller** | *cajero (persona)* |
| **bill** | *billete* |
| **coin** | *moneda* |
| **savings** | *ahorros* |
| **to save** | *ahorrar* |
| **to withdraw money** | *retirar dinero* |
| **to make a deposit** | *ingresar dinero* |

I met him at the **bank**. He's a **teller**
*Lo conocí en el banco. Es cajero*

They need to **withdraw** some **money**
*Ellos necesitan sacar algo de dinero*

My grandmother doesn't
know how to use an **ATM**
*Mi abuela no sabe cómo
usar un cajero automático*

# Ejercicios

**1.-** Usar «meet» o «know» en el tiempo correspondiente.

**a)** I _____ her in a pub last summer.

**b)** Do you _____ a boy called James Burn?

**c)** Where did she _____ you?

**d)** Did your sister _____ anyone famous?

**e)** I ____ some things about your cousin.

**f)** Are you _____ them on Sunday?

**g)** They didn't _____ me at the party.

**h)** She _____ the answers when she did the exam.

**2.-** ¿Qué expresión se usa para decir que se está de acuerdo con algo?

_____

**3.-** ¿Qué nombre reciben los billetes y las monedas en inglés americano?

_____

*Soluciones:*
**1.- a)** met; **b)** know;
**c)** meet; **d)** know;
**e)** know; **f)** meeting;
**g)** meet; **h)** knew.
**2.-** I agree (with that). **3.-** billetes: bills;
monedas: coins.

179

# unidad 66

1 EXPRESAR POSIBILIDAD Y CERTEZA
2 USO DE «SHALL»
3 EXPRESIONES DE SORPRESA
4 EN LA COMISARÍA – *At the police station*
5 EJERCICIOS

## EXPRESAR POSIBILIDAD Y CERTEZA

**a)** Para <u>expresar posibilidad</u> se pueden usar los verbos modales «**may**», «**could**» y «**might**». En los tres casos se expresa que la acción puede tener lugar, aunque con «**might**», la posibilidad es más remota.

$$\text{sujeto} + \begin{matrix} \textbf{may} \\ \textbf{could} \\ \textbf{might} \end{matrix} + \textbf{infinitivo (sin to)}$$

She **may** come, but I don't really know.
*Puede que ella venga,
pero no lo sé realmente.*

It **could** rain tomorrow
*Puede que llueva mañana*

They **might** win the match,
but they are bad players
*Puede que ganen el partido,
pero son malos jugadores*

Si la posibilidad es negativa se usa «not» tras los verbos modales.

He **may not** come to the party
*Puede que él no venga a la fiesta*

It **might not (mightn't)** be windy
*Puede que no haga viento*

**b)** Para <u>expresar certeza</u> se hace uso de los verbos «**must**», si la frase es afirmativa y «**can't**», si es negativa.

That **must** be Fred. He always phones at this time
*Tiene que ser Fred. Siempre llama a esta hora*

He **can't** be dancing. He hates it
*Él no puede estar bailando. Lo odia*

## USO DE «SHALL»

«**Shall**» es un verbo modal que se usa para indicar una acción futura (como «will», pero sólo para los sujetos «I» y «we»), pero en la práctica, en inglés americano no se utiliza mucho, aunque a veces aparece en sugerencias u ofrecimientos o en lenguaje muy formal.

**Shall** I help you? / *¿Te ayudo?*

**Shall** we move into the living-room?
*¿Nos vamos al salón?*

## EXPRESIONES DE SORPRESA

Para expresar sorpresa se puede hacer uso de las estructuras siguientes:

**a)** Si nos referimos a un nombre contable en singular:

What + a(n) + (adjetivo) + nombre!
*¡Qué + nombre + (tan / más + adjetivo)!*

> **What a** beautiful dress!
> *¡Qué vestido tan bonito!*

> **What an** expensive lamp!
> *¡Qué lámpara tan cara!*

**b)** Si el nombre es incontable o contable en plural:

What + (adjetivo) + nombre!
*¡Qué + nombre + (tan / más + adjetivo)!*

> **What** lovely music!
> *¡Qué música tan maravillosa!*

> **What** big rooms!
> *¡Qué habitaciones tan grandes!*

## VOCABULARIO:
### EN LA COMISARÍA
*At the police station*

| | |
|---|---|
| **to arrest** | *detener* |
| **thief** | *ladrón* |
| **burglar** | *ladrón (de casas)* |
| **pickpocket** | *ratero* |
| **shoplifter** | *ladrón (en tiendas)* |
| **robber** | *ladrón, atracador* |
| **robbery** | *robo* |
| **to steal, rob** | *robar* |
| **to report** | *denunciar* |
| **witness** | *testigo* |
| **crime** | *delito* |
| **murder** | *asesinato* |
| **fingerprints** | *huellas dactilares* |
| **police officer, cop** | *agente de policía* |

The **police** may **arrest** the **thief**
*Puede que la policía detenga al ladrón*

The **witness reported** the **crime**
*El testigo denunció el delito*

What a terrible **murder**!
*¡Qué asesinato tan horrible!*

He is a **shoplifter** and
may **steal** things in this shop.
*Él es un ladrón y puede que robe
cosas en esta tienda.*

181

## Ejercicios

**1.-** Usar los verbos modales para expresar posibilidad o certeza.

**a)** A burglar _____ steal that picture. (posibilidad real)

**b)** The robbery _____ be reported. (certeza afirmativa)

**c)** John _____ be a shoplifter. He is an excellent person. (certeza)

**d)** These _____ be her fingerprints. (posibilidad remota)

---

**2.-** Formular expresiones de sorpresa con los siguientes adjetivos y nombres.

**e)** book – interesting _____

**f)** people – noisy _____

**g)** cell phone – modern

**h)** music – relaxing _____

---

**3.-** Responder:

**i)** ¿Cómo se denomina a la persona que se ocupa de robar cosas de bolsos y bolsillos?

_____

**j)** ¿Cómo se denomina a la persona que presencia un delito?

_____

*Soluciones:*

**1.- a)** may / could; **b)** must; **c)** can't; **d)** might. **2.- e)** What an interesting book!; **f)** What noisy people!; **g)** What a modern cell phone!; **h)** What relaxing music. **3.- i)** Pickpocket; **j)** Witness.

---

# unidad 67

1. POSICIÓN DE LOS ADVERBIOS (MODO, LUGAR, TIEMPO)
2. EXPRESIONES PARA ENUMERAR U ORDENAR ACCIONES
3. EN LA OFICINA DE CORREOS
   – At the post office
4. EJERCICIOS

### POSICIÓN DE LOS ADVERBIOS (MODO, LUGAR, TIEMPO)

La posición de los adverbios de modo, lugar y tiempo suele ser al final de la oración aunque, principalmente los de tiempo, también pueden situarse al principio. Cuando concurren más de uno de ellos, el orden que siguen es: modo, lugar y tiempo. Así:

She is dancing **happily** **at the disco**
*modo* *lugar*
*Ella está bailando feliz en la discoteca*

182

They were **here** **yesterday**
*lugar    tiempo*
*Ellos estuvieron aquí ayer.*

Did you work **hard** **last year**?
*modo    tiempo*
*¿Trabajaste duramente el año pasado?*

Is the baby sleeping
**quietly** **on the couch** **now**?
*modo    lugar    tiempo*
*¿Está el bebé durmiendo
tranquilamente en el sofá ahora?*

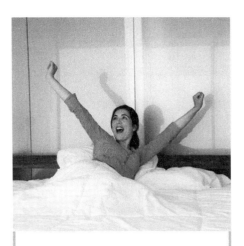

**First** I got up, **then** I took a shower,
**after that** I had breakfast and, **finally**,
I took the children to school.
*Primero me levanté, luego tomé una
ducha, después desayuné y, finalmente,
llevé a los niños a la escuela.*

When she gets home, **first** she has
dinner and **then** she watches TV.
*Cuando ella llega a casa, primero cena
y luego ve la TV.*

### EXPRESIONES PARA ENUMERAR
### U ORDENAR ACCIONES

Cuando se está relatando o escribiendo
alguna situación donde tienen lugar
varias acciones, para seguir un
orden o enumeración se utilizan
las siguientes expresiones:

**First**

*primero, en primer lugar*

**Then**

*luego, después*

**After that**

*luego, después, después de eso*

**Later**

*más tarde, posteriormente, después*

**Finally**

*finalmente, por último*

**¡Ojo!:** Un error habitual es utilizar
**«after»** como *«después»*, cuando en
realidad es *«después de»*. Es una
preposición que necesita que le siga
un sustantivo:

We went for a walk
**after** the meal
*Fuimos a dar un paseo
después de la comida*

Como hemos visto en esta unidad,
*«después»* equivale a **«later»**,
**«then**, o **«after that»**.

We have to study now.
We can watch TV **later**.
*Tenemos que estudiar ahora.
Podemos ver la televisión después.*

## VOCABULARIO:
### EN LA OFICINA DE CORREOS
*At the post office*

| | |
|---|---|
| **letter** | *carta* |
| **postcard** | *postal* |
| **parcel** | *paquete* |
| **stamp** | *sello* |
| **envelope** | *sobre* |
| **postman** | *cartero* |
| **address** | *dirección* |
| **mailbox** | *buzón* |
| **telegram** | *telegrama* |
| **postal code** | *código postal* |
| **registered letter** | *carta certificada* |
| **to mail a letter** | *echar una carta* |
| **to send a letter** | *enviar una carta* |

First I wrote a **letter**, then I bought
a **stamp** and, finally, I **mailed** it
*Primero escribí una carta, luego compré
un sello, y, finalmente, la eché al correo*

I always write the **address**
carefully on the envelope
*Siempre escribo la dirección
cuidadosamente en el sobre*

# Ejercicios

**1.-** Colocar los adverbios correctamente en las frases que lo necesiten.

**a)** Sarah is today at school.

**b)** They live in summer in Majorca.

**c)** He was driving in the city yesterday slowly.

**d)** Did you swim in the sea when you were four years old?

**2.-** Ordenar estas acciones usando «first» «later» y «finally» y los verbos en pasado.

**e)** We watch a movie. I meet my friend. We go home.

**f)** He get the Nobel prize. He discover a new remedy. He study medicine.

**3.-** Traducir al inglés resolviendo el crucigrama.

**g)** paquete
**h)** sello
**i)** tarjeta postal
**j)** buzón

184

# unidad 68

1. «TODAVÍA» («STILL» Y «YET»)
2. TANTO...COMO (BOTH...AND), O...O (EITHER...OR), NI...NI (NEITHER...NOR)
3. EL CUERPO HUMANO – *The human body*
4. EJERCICIOS

## «TODAVÍA» («STILL» Y «YET»)

Los adverbios **«still»** y **«yet»** significan «todavía», pero su uso y posición es diferente.

### «Still» se utiliza en frase afirmativas y en preguntas.

**a)** Se coloca después de un verbo auxiliar en las frases afirmativas:

I'<u>m</u> **still** watching TV
*Todavía estoy viendo la televisión*

She <u>can</u> **still** drive
*Ella todavía puede conducir*

En las preguntas sólo cambia el orden del auxiliar y el sujeto:

<u>Is</u> he **still** waiting for you?
*¿Todavía te está esperando él?*

<u>Can</u> he **still** play soccer?
*¿Todavía puede él jugar al fútbol?*

**b)** Se coloca delante de cualquier verbo no auxiliar, tanto en frases afirmativas como en preguntas:

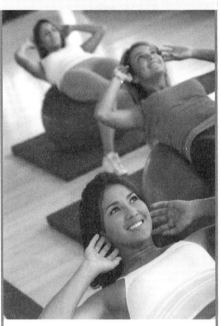

I **still** <u>go</u> to the gym
*Todavía voy al gimnasio*

She **still** <u>has</u> some savings
*Ella todavía tiene algunos ahorros*

Does he **still** <u>smoke</u>?
*¿Todavía fuma él?*

**«Yet»** se utiliza en frases negativas y siempre se coloca al final de las mismas.

I am not having lunch **yet**
*Todavía no estoy almorzando*

He doesn't work **yet**
*Todavía él no trabaja*

## TANTO...COMO (BOTH...AND), O...O (EITHER...OR), NI...NI (NEITHER...NOR)

**a)** «**Both**» significa
«ambos/as», «los/las dos».

**Both** men are Mexican
*Los dos hombres son mexicanos*

I like **both** cars
*Me gustan ambos (los dos) autos*

Pero también podemos encontrar
«both» en la estructura:

**both... and...** / *tanto... como...*

La usamos al referirnos a
dos personas o cosas:

**Both** John **and** Mike are politicians
*Tanto John como Mike son políticos*

**Both** you **and** I have children
*Tanto tú como yo tenemos hijos*

**b)** Para presentar una alternativa o
indicar una opción usamos:

**either...or...** / *o...o...*

We can **either** watch TV **or** listen to music
*Podemos ver la TV o escuchar música*

**c)** Para indicar que ninguna opción es posible:

**neither...nor...** / *ni...ni...*

**Neither** you **nor** your children like beans.
*Ni a ti ni a tus hijos os gustan las alubias.*

She is still painting her **nails**
*Ella todavía se está pintando las uñas*

I'm not washing my **hands** yet
*No me estoy lavando las manos todavía*

Both my **elbow** and my **wrist** hurt
*Me duelen tanto el codo como la muñeca*

*Recuerda*

Las partes del cuerpo suelen
ir precedidas por un adjetivo
posesivo en lugar de un artículo,
como ocurre en español.

# Ejercicios

**1.-** Ordenar las palabras para formar frases.

**a)** learning still I'm to salsa dance.

_____

**b)** living yet she in Miami isn't.

_____

**c)** that car old do still have you ?

_____


**2.-** ¿Qué parte del cuerpo...

**d)** ...cubrimos con una bufanda?

_____

**e)** ...usamos para coger cosas?

_____

**f)** ...hace que las piernas puedan doblarse?

_____


**3.-** Completar con «both...and», «either...or» o «neither...nor».

**g)** _____ my arms _____ my legs are long. (todos)

**h)** I can eat _____ a sandwich _____ a banana. (una cosa)

**i)** _____ Canada _____ Mexico are European countries.

**j)** She likes _____ biology _____ chemistry. (ambas)

# unidad 69

## USO DE «SHOULD»

El verbo modal **«should»** equivale a la forma condicional del verbo *«deber»* (*debería, deberías,...*). Tiene la misma forma para todas las personas y va delante de un infinitivo sin «to». Así:

You **should** take a pill
_Debería tomarse una píldora_

She **should** study harder
_Ella debería estudiar más_

We **should** go and see the doctor
_Deberíamos ir a ver al médico_

I **should** be happy
_Yo debería estar contento_

You **should** brush your teeth three times a day.
_Deberías cepillarte los dientes tres veces al día._

La forma negativa es
**«should not»** o **«shouldn't»**.

You **shouldn't** smoke. It's harmful
*No deberías fumar. Es dañino*

He **shouldn't** go home alone
*Él no debería ir a casa solo*

I **shouldn't** drink alcohol
*Yo no debería beber alcohol*

Para realizar preguntas invertimos el
orden entre **«should»** y el sujeto.

**Should** I take any medicine?
*¿Debería tomar alguna medicina?*

**Should** we buy a painkiller?
*¿Deberíamos comprar un analgésico?*

What doctor **should** she visit?
*¿A qué médico debería visitar ella?*

Todas estas estructuras se utilizan para
dar o pedir consejos, recomendaciones
o sugerencias, pero en ningún caso
expresan obligación.

## PEDIR Y DAR CONSEJOS O SUGERENCIAS

Acabamos de ver que para expresar (dar y pedir)
consejos o sugerencias usamos **«should»**

What **should** I do?
*¿Qué debería hacer yo?*

You **should** ...
*Tú deberías...*

Pero también se puede incluir
el verbo «to think» (*pensar, creer*)

What do you <u>think</u> I **should** do?
*¿Qué crees que yo debería hacer?*

I <u>think</u> you **should** come with us
*Creo que deberías venir con nosotros*

Si al dar un consejo añadimos una
negación, ésta acompaña a «debería»
en español, pero en inglés, el verbo
que se niega es «to think».

I <u>don't think</u> you should smoke.
*Creo que no deberías fumar.*

 **NO**

I think you shouldn't smoke.

## VOCABULARIO:
### LA SALUD – *Health*

| | |
|---|---|
| **healthy** | *sano, saludable* |
| **illness, disease** | *enfermedad* |
| **ill, sick** | *enfermo* |
| **doctor** | *médico* |
| **nurse** | *enfermera* |
| **surgeon** | *cirujano* |
| **dentist** | *dentista* |
| **patient** | *paciente* |
| **allergy** | *alergia* |
| **cold** | *resfriado* |
| **depression** | *depresión* |
| **fever** | *fiebre* |
| **flu, influenza** | *gripe* |
| **(to) cough** | *toser, tos* |
| **(to) sneeze** | *estornudar, estornudo* |
| **ache, pain** | *dolor* |
| **painful** | *doloroso* |
| **painkiller** | *analgésico* |
| **tablet** | *pastilla* |
| **prescription** | *receta* |

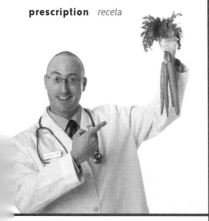

I think she should go to the **dentist**.
*Creo que ella debería ir al dentista.*

I have a **cold**. What should I do?
*Tengo un resfriado. ¿Qué debería hacer?*

he is **sick**. I don't think she should go out.
*la está enferma. Creo que no debería salir.*

# Ejercicios

**1.-** Ordenar las palabras para formar frases.

**a)** think my should I go doctor father to the.

**b)** we should buy where that ?

**c)** drink I think too don't you much should.

**2.-** Usar «should / shouldn't» y alguno de los verbos siguientes para completar las frases: study, go, take, read, accept.

**d)** I don't think you _____ that job.

**e)** Where_____she_____?

**f)** Do you think I _____ that article?

**g)** It isn't raining. We_____the umbrella.

**h)** You have an exam tomorrow.
You _____ now.

**3.-** ¿Qué tipo de médico lleva a cabo operaciones?

_____

**4.-** ¿Qué nombre recibe la persona que acude al médico?

_____

*Soluciones:*

**1.- a)** I think my father should go to the doctor; **b)** Where should we buy that?; **c)** I don't think you should drink too much. **2.- d)** should accept; **e)** should ... go; **f)** should read; **g)** shouldn't take; **h)** should study. **3.-** A surgeon. **4.-** Patient.

# unidad 70

## LOS VERBOS «TO BORROW» Y «TO LEND»

Estos verbos se prestan a alguna confusión cuando se usan.

## USO DE «IN SPITE OF» Y «DESPITE»

Ambas expresiones son sinónimas y son preposiciones, por lo que van seguidas de un nombre o un pronombre. Equivalen a «a pesar de, pese a».

---

«**To borrow (something from someone)**» es «*pedir prestado (algo a alguien)*», mientras que «**to lend (someone something / something to someone)**» es «*prestar (algo a alguien)*».

I **borrowed** this book from my brother.
*Le pedí prestado este libro a mi hermano.*

My brother **lent** me this book.
*Mi hermano me prestó este libro.*

---

We were walking

**in spite of / despite**

that bad <u>weather</u>.

*Estuvimos paseando a pesar de aquel mal tiempo.*

I could understand him **in spite of** his accent.
*Pude entenderlo a pesar de su acento.*

**Despite** the traffic, she arrived on time
*A pesar del tráfico, llegó puntual*

---

El problema aparece en la frase del tipo «*¿Me prestas ......?*», ya que no se usa el verbo «**to lend**», sino «**to borrow**», lo que literalmente significaría «*¿Te puedo pedir prestado ...?*»

Can I **borrow** your calculator?
*¿Me prestas la calculadora?,*
*¿Me puedes prestar la calculadora?*

Can I **borrow** your car?
*¿Me prestas el auto?,*
*¿Me puedes prestar el auto?*

También pueden ir seguidos
de un verbo en gerundio:

**In spite of** <u>getting up</u>
early, I am not tired.
*A pesar de levantarme temprano,*
*no estoy cansado.*

I didn't get the job, **despite** <u>having</u>
all the necessary qualifications.
*No conseguí el trabajo, a pesar de tener*
*todas las calificaciones necesarias.*

No se deben confundir estas
expresiones con «**although**» (*aunque*),
que es una conjunción y va seguida
de un sujeto y un verbo.

**Although** <u>it rained</u> a lot,
we enjoyed our trip.
*Aunque llovió mucho,*
*disfrutamos de nuestro viaje.*

**In spite of** <u>the rain</u>,
we enjoyed our trip.
*A pesar de la lluvia, disfrutamos*
*de nuestro viaje.*

| | |
|---|---|
| **bakery, baker's** | *panadería* |
| **optician's** | *óptica* |
| **hairdresser's** | *peluquería* |
| **drugstore** | *farmacia* |
| **newsstand** | *kiosko* |
| **snack-bar** | *bar cafetería* |
| **jeweller's** | *joyería* |
| **cake shop** | *pastelería* |
| **hardware store** | *ferretería* |
| **bookstore** | *librería* |
| **shoe store** | *zapatería* |
| **gift shop** | *tienda de regalos* |
| **pet shop** | *tienda de animales* |
| **music store** | *tienda de música* |
| **grocery** | *tienda de ultramarinos* |
| **furniture store** | *tienda de muebles* |

Can I borrow a book from a
**bookstore**? No, you can't
*¿Puedo pedir prestado un libro*
*de una librería? No, no puedes*

She went to the **hairdresser's**
despite being a windy day
*Ella fue a la peluquería a pesar*
*de ser un día de viento*

# Ejercicios

**1.-** ¿»Borrow» o «lend»?

**a)** Could you_____me some money, please?

**b)** They can_____a book from the library.

**c)** Should I _____him my umbrella?

**d)** You can_____my bike, but be careful.

---

**2.-** ¿»In spite of / despite» or «although»?

**e)** I could sleep well _____
the noise.

**f)** She went to work _____
she was sick.

**g)** They won the match_____playing
very badly.

**h)** They won the match_____they
played very badly.

---

**3.-** ¿En qué tienda compramos...?

**i)** un martillo y unos tornillos

_____

**j)** un jarabe_____

## EL VERBO «BE ABLE TO»

El verbo «**be able to**» (*ser capaz de*)
se usa para expresar habilidad.
Es un sinónimo de «can»

She can drive = She **is able to** drive
*Ella sabe conducir*

A diferencia de «can», que sólo se
usa en presente, y «could», que se usa
en pasado, «**be able to**» puede usarse
en cualquier tiempo.

She **wasn't able to** swim
*Ella no sabía nadar*

They **will be able to** play the piano
*Ellos sabrán tocar el piano.*

«**Be able to**» también tiene forma de infini

I would like **to be able to** speak Germa
*Me gustaría saber hablar alemán*

## VOCABULARIO:
### EN EL MÉDICO – *At the doctor's*

Para expresar algunos problemas de salud podemos usar las expresiones siguientes:

**a)** Con la terminación «**-ache**» se suelen expresar cinco dolencias:

To have a(n)

**headache** *tener dolor de cabeza*
**stomachache** *tener dolor de estómago*
**toothache** *tener dolor de muelas*
**backache** *tener dolor de espalda*
**earache** *tener dolor de oídos*

**I have a** terrible **headache**
*Tengo un terrible dolor de cabeza*

El resto se puede expresar por medio de:

**b) I have a sore... /** *Me duele el/la…*
I have a sore foot
*Me duele un pie*

**I have a pain in my**... / *Me duele el/la…*
I have a pain in my arm
*Me duele el brazo*

**d) My......hurts /** *Me duele el/la...*
My shoulder hurts
*Me duele el hombro*

En los apartados b, c y d, el sujeto o el posesivo varían según la frase.

**He** has a sore leg
*Le duele la pierna (a él)*

**We** don't have a pain in our knees
*No nos duelen las rodillas*

**Her** elbow hurts
*Le duele el codo (a ella)*

## EXPRESAR OPINIONES

Cuando queremos dar alguna opinión, muchas veces usamos expresiones de introducción, como:

**I think...**

*Pienso / Creo…*

**I suppose...**

*Supongo…*

**I guess...**

*Creo / Me parece…*

**I don't think** it will rain tomorrow
*Creo que no lloverá mañana*

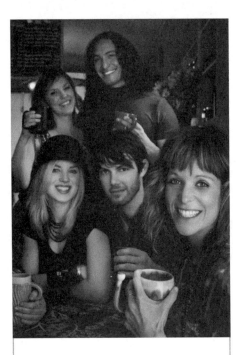

**I suppose** you're coming to the party
*Supongo que vendrás a la fiesta*

**I guess** he doesn't feel well
*Me parece que él no se siente bien*

**I suppose** this tablet will do you good
*Supongo que esta pastilla le hará bien*

I have a stomachache.
**I think** I ate too much yesterday
*Tengo dolor de estómago.*
*Creo que comí demasiado ayer*

She isn't able to move.
**I think** she is exhausted.
*Ella no se puede mover.*
*Creo que está agotada.*

# Ejercicios

**1.-** Sustituir el verbo «can» por «be able to».

**a)** They can pass the test.

**b)** My mother couldn't make the cake.

**c)** Can he repair his car?

**d)** I can't play chess. .

**e)** I had a backache and I couldn't stand up

**2.-** Ordenar las palabras para formar frases.

**f)** pain I he a think has shoulder his in.

**g)** you right I are guess.

**h)** it's suppose too I late.

**3.-** Completar las frases sobre dolencias co
las palabras que faltan. Los verbos han de
conjugarse en presente, de forma afirmativ

**i)** It _____ a _____ in _____ legs.

**j)** We _____ a _____ throa

## USOS DE «HOW» (I)

Como pronombre interrogativo
significa «*cómo*»

**How** are you?
*¿Cómo estás?*

**How** did you go to New York?
*¿Cómo fuiste a Nueva York?*

Pero en combinación con otras palabras
tiene diferentes significados:

## HOW ABOUT?

Esta estructura se usa para
hacer sugerencias o proposiciones:

«**How about**» puede ir seguido de:

**a)** Un verbo. En este caso, el verbo será
un gerundio (infinitivo + ing).

**How about** <u>going</u> to the movies?
*¿Qué tal si vamos al cine?*

**How about** <u>eating</u> out tonight?
*¿Qué te parece si salimos
a cenar esta noche?*

**b)** Un nombre o un pronombre:

En estos casos, la equivalencia en español
puede ser también «*¿Y...?, ¿Qué tal...?*»

**How about** <u>you</u>?
*¿Y tú?, ¿Qué tal tú?*

**How about** <u>this cell phone</u>?
*¿Qué tal este móvil?*

## HOW OFTEN?

Se usa para preguntar por la frecuencia
con la que ocurre alguna acción:

**How often** do you go downtown?
*¿Con qué frecuencia vas al centro?*

**How often** does he do the shopping?
*¿Con qué frecuencia hace él la compra?*

195

## HOW FAR?

Lo usamos para preguntar por distancias:

**How far** is the station?
*¿A qué distancia está la estación?*

**How far** is the drugstore
from the bank?
*¿A qué distancia está
la farmacia del banco?*

## HOW MUCH?

**a)** Se utiliza para preguntar
el precio de alguna cosa:

**How much** is it?
*¿Cuánto cuesta?*

**How much** are the pictures?
*¿Cuánto cuestan los cuadros?*

**b)** Y también para preguntar por cantidad
con un nombre incontable:

**How much** juice did you buy?
*¿Cuánto jugo compraste?*

**How much** flour does she need?
*¿Cuánta harina necesita ella?*

## HOW MANY?

Se usa para preguntar por cantidad
con un nombre contable:

**How many** letters did you write?
*¿Cuántas cartas escribiste?*

**How many** books are
there on the table?
*¿Cuántos libros hay en la mesa?*

## VOCABULARIO:
EN EL HOTEL – *At the hotel*

| | |
|---:|:---|
| **guest** | *huésped* |
| **to book a room** | *reservar una habitación* |
| **booking, reservation** | *reserva* |
| **cancellation** | *cancelación* |
| **vacancy** | *habitación libre* |
| **single room** | *habitación individua* |
| **double room** | *habitación doble* |
| **floor** | *piso* |
| **laundry** | *lavandería* |
| **key card** | *llave magnética* |
| **lobby** | *vestíbulo* |
| **front desk** | *recepción* |
| **front desk clerk** | *recepcionista* |
| **bellboy** | *botones* |
| **elevator** | *ascensor* |

How about **booking** a **double room**?
*¿Qué tal si reservamos
una habitación doble?*

How many **rooms** are
there in the **hotel**?
*¿Cuántas habitaciones hay en el hotel?*

How much is the **single room**?
*¿Cuánto cuesta la
habitación individual?*

# Ejercicios

**1.-** Completar las frases con «about», «often», «far», «much» y «many».

**a)** How _____ students are there in the classroom?

**b)** How _____ is New York from Madrid?

**c)** How _____ having a drink?

**d)** How _____ does she visit her grandparents?

**e)** How _____ water is there in the bottle?

**2.-** Ordenar las palabras para formar frases.

**f)** the front how is elevator the far from desk?

_____

**g)** is room how single much the?

_____

**h)** do a how you book room often?

_____

**i)** guests are how there many?

_____

**j)** a room how booking double about?

_____

# unidad 73
## Contenido

## USOS DE «HOW» (II)

«**HOW**» también va delante de un adjetivo cuando preguntamos por las características de algo o alguien:

**[wide: *ancho*]**

**How wide** is the road?
*¿Cómo es de ancha la carretera?*
*¿Cuánto mide de ancho la carretera?*

**[tall: *alto*]**

**How tall** is your sister?
*¿Cómo de alta es tu hermana?*
*¿Cuánto mide tu hermana?*

197

**[old: *viejo*]**

**How old** are you?
*¿Qué edad tienes?*

**[long: *largo*]**

**How long** is that river?
*¿Cuánto mide de largo el río?*

**«HOW LONG?»** también se usa para preguntar por la duración de una actividad:

**How long** did you live in New Orleans?
*¿Cuánto tiempo viviste en Nueva Orleans?*

**How long** did she stay at the hotel?
*¿Cuánto tiempo se quedó ella en el hotel?*

Así mismo se usa para preguntar el tiempo que se tarda en realizar una actividad. Para ello se utiliza también el verbo **«to take»**, que, en este caso, significa *«tardar»*. El sujeto siempre es «it». Así:

**How long does it take to...?**
*¿Cuánto se tarda en...?*

**How long does it take to** fly to Florida?
*¿Cuánto tiempo se tarda en volar a Florida?*

**How long does it take to** make a paella?
*¿Cuánto tiempo se tarda en preparar una paella?*

Si nos referimos al tiempo que una persona tarda en hacer algo se usan los pronombres objeto, que pasan a ser sujeto en español.

**How long does it take** <u>him</u> to get dressed?
*¿Cuánto tiempo tarda <u>él</u> en vestirse?*

Para contestar:
**It takes..... (Se tarda....)**

**It takes** two hours
*Se tardan dos horas*

How long does it take them to get to the city center?
**It takes** <u>them</u> half an hour.
*¿Cuánto tiempo tardan ellos en llegar al centro de la ciudad?*
*Ellos tardan media hora.*

## VOCABULARIO:
### GEOGRAFÍA - *Geography*

| | |
|---|---|
| **bay** | *bahía* |
| **canyon** | *cañón* |
| **wood** | *bosque* |
| **coast** | *costa* |
| **desert** | *desierto* |
| **forest** | *bosque, selva* |
| **gulf** | *golfo* |
| **hill** | *colina* |
| **island** | *isla* |
| **lake** | *lago* |
| **mountain** | *montaña* |
| **ocean** | *océano* |
| **peak** | *pico* |
| **pond** | *estanque* |
| **river** | *río* |
| **sea** | *mar* |
| **strait** | *estrecho* |
| **valley** | *valle* |
| **volcano** | *volcán* |
| **waterfall** | *catarata* |

How high is that **peak**?
*¿Qué altura tiene ese pico?*

How deep is the **lake**?
*¿Qué profundidad tiene el lago?*

How long is the **canyon**?
*¿Cuánto mide de largo el cañón?*

How long does it take to go
from the **pond** up to the **hill**?
*¿Cuánto tiempo se tarda en ir
desde el estanque hasta la colina?*

# Ejercicios

**1.-** Completar las frases con «old»,
«wide», «long», «deep» y «high».

**a)** How _____ is that mountain?

**b)** How _____ are your brothers?

**c)** How _____ is the pond?

**d)** How _____ is that piece of wood?
(anchura)

**e)** How _____ are the roads?

**2.-** Ordenar las palabras para formar
frases:

**f)** take long to get the to theater how does it ?
_____

**g)** minutes it twenty takes.
_____

**h)** him two it hours took to home come.
_____

**i)** did it you to your how homework long
take finish ?
_____

**j)** took two it me minutes do this to exercise.
_____

# unidad 74

## USOS DE «HOW» (III)

«**How**» también puede ir delante de un adjetivo en exclamaciones. En este caso lo usamos cuando mostramos sorpresa.

**How** nice! ¡Que bonito!

**How** interesting! ¡Qué interesante!

**How** expensive! ¡Qué caro!

**How** hard! ¡Qué duro!

**How** terrible! ¡Qué mal!, ¡Qué terrible!

**How** funny! ¡Qué divertido!

- This is my new car
- *Este es mi auto nuevo.*

- **How nice** it is! / - *¡Qué bonito es!*

- She went to China last year
- *Ella fue a China el año pasado*

- **How interesting!**
- *¡Qué interesante!*

- I paid a fortune for this house
- *Pagué una fortuna por esta casa*

- **How expensive!** / - *¡Qué cara!*

## REALIZAR INVITACIONES

Para realizar una invitación o aportar una sugerencia se pueden utilizar diversas estructuras, entre las que se encuentran:

**Would you like to** come to the party?
*¿Te gustaría venir a la fiesta?*

**How about** traveling to India?
*¿Qué tal si viajamos a India?*

**Let's** go to the movies
*Vayamos al cine*

**Are you doing anything** next Saturday?
*¿Haces algo el próximo sábado?*

**Would you be interested in** visiting that gallery?
*¿Te interesaría visitar esa galería?*

Al <u>aceptar</u> podemos decir:

**I'd love to, thanks**
*Me encantaría, gracias*

**That's very kind of you, thanks**
*Muy amable de tu parte, gracias*

**That sounds lovely**
*Suena muy bien*

**That's a good idea**
*Es una buena idea*

Al <u>rechazar o declinar</u> la
invitación, se puede decir:

**Well, I'd love to, but...**
*Bueno, me encantaría, pero....*

**I'm really sorry but I can't**
*Lo siento mucho pero no puedo*

**That's very kind of you,
but actually I can't.**
*Muy amable, pero, en
realidad, no puedo*

**I really don't think I can,
but thank you anyway.**
*En realidad no creo que pueda,
pero gracias de todos modos*

## VOCABULARIO:
### TURISMO - *Tourism*

| | |
|---|---|
| **cruise** | *crucero* |
| **guide** | *guía* |
| **brochure** | *folleto* |
| **to rent a car** | *alquilar un auto* |
| **hostel** | *hostal* |
| **accommodations** | *alojamiento* |
| **youth hostel** | *albergue* |
| **guesthouse** | *pensión* |
| **motel** | *motel* |
| **inn** | *posada* |
| **hotel chain** | *cadena hotelera* |
| **season** | *temporada* |
| **to go on vacation** | *ir de vacaciones* |
| **vacation(s)** | *vacaciones* |
| **travel agency** | *agencia de viajes* |
| **tourist office** | *oficina de turismo* |
| **jouney** | *viaje (en un sentido)* |
| **trip** | *viaje (ida y vuelta)* |

Would you like to stay in a **guesthouse**?
*¿Te gustaría alojarte en una pensión?*

That **cruise** seems very interesting...
but how expensive!
*Ese crucero parece muy interesante...
pero, ¡qué caro!*

Let's go to the **tourist office** and get some
**brochures** / Yes, it's a good idea.
*Vayamos a la oficina de turismo y consigamos
algunos folletos. / Sí, es una buena idea.*

## Ejercicios

**1.-** Rellenar los espacios para completar el diálogo.

**a)** Are _____ doing _____
next Sunday?

**b)** No, I don't _____ any plan.

**c)** Would you _____ to_____
to the movies?

**d)** I'_____love_____, thanks.

**2.-** Completar el crucigrama con las traducciones de las siguientes palabras:

**e)** folleto
**f)** posada
**g)** guía
**h)** viaje (ida y vuelta)
**i)** crucero
**j)** temporada

## EL PRETÉRITO PERFECTO (FORMA AFIRMATIVA)

El pretérito perfecto (present perfect) es un tiempo verbal formado por el **presente del verbo «to have» (have / has)** y el **participio** del verbo principal:

> I **have studied** Chinese
> *He estudiado chino*

En español, los participios son las formas verbales acabadas en «-*ado*» e «-*ido*» (*jugad comido*). En inglés, los participios de los verb regulares se forman añadiendo «-ed» al infinit (son iguales al pasado), pero en el caso de lo verbos irregulares se habrán de memorizar. (\ lista en apéndice) Su forma afirmativa es:

| [To see: *ver*] | | |
|---|---|---|
| I | **have seen** | *yo he visto* |
| you | **have seen** | *tú has visto, usted ha* |
| he | **has seen** | *él ha visto* |
| she | **has seen** | *ella ha visto* |
| it | **has seen** | *ha visto* |
| we | **have seen** | *nosotros/as hemos* |
| you | **have seen** | *vosotros/as habéis* |
| | | *ustedes han visto* |
| they | **have seen** | *ellos/as han visto* |

202

I **have seen** her.
*La he visto (a ella).*

He **has answered** the questions
*Él ha respondido a las preguntas.*

We **have opened** the box
*Hemos abierto la caja.*

En pretérito perfecto, «have» se puede contraer en «'ve» y «has» en «'s»:

They**'ve rented** an apartment
*Ellos han alquilado un apartamento*

She**'s bought** a new dress
*Ella ha comprado un vestido nuevo*

**¡Ojo!**: No confundir la contracción de «has» con la de «is», ni con el caso genitivo. A «has» le seguirá un participio.

Paul**'s** writing a letter
**is**
*Paul está escribiendo una carta.*

Paul**'s** written a letter
**has**
*Paul ha escrito una carta.*

Paul**'s** dog is small
**genitivo**
*El perro de Paul es pequeño.*

## EL PRETÉRITO PERFECTO CON «FOR» Y «SINCE»

El pretérito perfecto va muchas veces seguido de **«for»** o **«since»**, que se usan como respuesta a la pregunta **«how long?»** *(¿cuánto tiempo?)*:

**How long** have you lived in Chicago?
*¿Cuánto tiempo has vivido en Chicago?*

**«For»** *(durante)* va seguido de un período de tiempo.

I've lived in Chicago **for** five years.
*He vivido en Chicago durante cinco años*

She has played the guitar **for** two months.
*Ella ha tocado la guitarra durante dos meses.*

**«Since»** *(desde)* va seguido de un punto en el tiempo, es decir, de un momento determinado (día, mes, año, etc.).

I've lived in Chicago **since** 2007
*He vivido en Chicago desde 2007*

She has played the guitar **since** January
*Ella ha tocado la guitarra desde enero*

# Ejercicios

**1.-** Completar las frases con el pretérito perfecto de los verbos siguientes: close, eat, bring, wash, write.

**a)** We _____ our books to school.

**b)** The dog _____ its food.

**c)** John _____ two novels.

**d)** Your cousin _____ the window.

**e)** They _____ their hands.

**2.-** Completar con «for» o «since».

**f)** He has been a doctor _____ 2003.

**g)** They have studied that subject _____ a long time.

**h)** She's worked in that office _____ she arrived in Madrid.

**i)** I have had this car _____ many years.

**j)** Peter's father has driven a truck _____ he was twenty-five years old.

# unidad 76

1 EL PRETÉRITO PERFECTO (FORMAS NEGATIVA E INTERROGATIVA)
2 USOS DEL PRETÉRITO PERFECTO
3 EN LA PLAYA – *At the beach*
4 EJERCICIOS

## EL PRETÉRITO PERFECTO (FORMAS NEGATIVA E INTERROGATIVA)

Para negar un verbo en pretérito perfecto se utilizan «**haven't**» o «**hasn't**» y el **participio** del verbo que usemos:

Our neighbors **haven't sold** their house
*Nuestros vecinos no han vendido su casa*

He **hasn't spent** his salary
*Él no ha gastado su sueldo*

Para formular preguntas se colocan «**have**» o «**has**» delante del sujeto:

What **have** you **done**?

*¿Qué has hecho?*

**Has** she **seen** you?

*¿Te ha visto ella?*

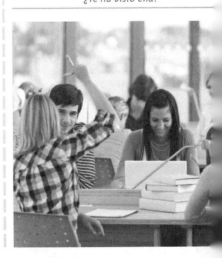

En respuestas cortas:

Has he won a silver medal?
**Yes, he has**.
*¿Ha ganado él una
medalla de plata? Sí.*

Have you sent the letter?
**No, I haven't**.
*¿Has enviado la carta?
No, no lo he hecho.*

## USOS DEL PRETÉRITO PERFECTO

Este tiempo se utiliza:

**a)** Al referirse a acciones que empezaron en el pasado y aún continúan en el presente:

I **have worked** for this
company since 2004.
*He trabajado para esta compañía
desde 2004. (Aún trabajo allí).*

She **has lived** in Chicago for two years.
*Ella ha vivido en Chicago durante
dos años (y sigue viviendo allí)*

**b)** Al citar una experiencia pasada,
sin decir cuándo tuvo lugar:

I **have seen** the Eiffel tower
*He visto la torre Eiffel*

He **has studied** German
*Él ha estudiado alemán*

Si decimos o preguntamos cuándo
tuvo lugar la acción, el tiempo ha de
cambiar a pasado simple:

I **saw** the Eiffel tower last year
*Vi la torre Eiffel el año pasado*

He **studied** German a long time ago
*Él estudió alemán hace mucho tiempo*

When **did** he **study** German?
*¿Cuándo estudió él alemán?*

**c)** Para expresar el resultado de una
acción pasada recientemente:

My sister **has broken** her arm.
*Mi hermana se ha roto un brazo.
(Por eso lleva una escayola)*

Someone **has opened** the door
*Alguien ha abierto la puerta.
(Por eso está abierta)*

| | |
|---|---|
| **to sunbathe** | *tomar el sol* |
| **suncream** | *crema solar* |
| **to get a tan** | *broncearse* |
| **suntan lotion** | *loción bronceadora* |
| **to get sunburnt** | *quemarse* |
| **sunburn** | *quemadura* |
| **sunglasses** | *gafas de sol* |
| **flip-flops** | *chanclas* |
| **umbrella** | *sombrilla* |
| **towel** | *toalla* |
| **folding chair** | *silla plegable* |
| **sea** | *mar* |
| **wave** | *ola* |
| **shore** | *orilla* |
| **sand** | *arena* |
| **sandcastle** | *castillo de arena* |
| **sailboat** | *velero* |
| **lifeguard** | *socorrista* |

Have you brought the **suntan lotion**?
*¿Has traído la loción bronceadora?*

I haven't forgotten my **sunglasses**
*No me he olvidado las gafas de sol*

She's been under the sun for some hours and she's **got sunburnt**.
*Ella ha estado bajo el sol durante unas horas y se ha quemado.*

# Ejercicios

**1.-** Completar con la forma negativa o interrogativa de los verbos siguientes: eat, forget, make, have, live, be, meet, buy.

**a)** They _____ anything since yesterday.

**b)** Where _____ you _____ it?

**c)** I _____ in Florida.

**d)** _____ she _____ anyone famous?

**e)** My brother _____ a car for many years.

**f)** _____ you _____ a suncastle?

**g)** _____ they _____ lifeguards for a long time?

**h)** His sister _____ the umbrella at home

**2.-** ¿Qué tipo de calzado playero es el más popular?

_____

**3.-** ¿Qué tipo de crema usamos para protegernos del sol?

_____

*Soluciones:*
**a)** haven't eaten;
**b)** have .... bought;
**c)** haven't lived; **d)** Has .....
met; **e)** hasn't had; **f)** Have .... made;
**g)** Have ... been; **h)** hasn't forgotten.
**2.-** The flip-flops. **3.-** The suncream.

206

# unidad 77

1 EL PRETÉRITO PERFECTO CON «EVER» Y «NEVER»
2 DIFERENCIAS ENTRE EL PASADO SIMPLE Y EL PRETÉRITO PERFECTO
3 ANIMALES (I) - *Animals*
4 EJERCICIOS

## EL PRETÉRITO PERFECTO CON «EVER» Y «NEVER»

Con el pretérito perfecto también usamos **«ever»** y **«never»**, para preguntar y responder acerca de experiencias pasadas.

**«Ever»** equivale a «*alguna vez*». Se utiliza en preguntas y se coloca delante del participio:

Has she **ever** been to the USA?
*¿Ha estado ella alguna vez en los EEUU?*

Have you **ever** done a crossword?
*¿Has hecho alguna vez un crucigrama?*

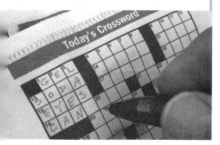

**«Never»** equivale a «*nunca*». Se usa en frases afirmativas (el verbo no lleva negación) y se coloca delante del participio:

They have **never** been to Brazil
*Ellos nunca han estado en Brasil*

Have you **ever** eaten sushi?
No, I have **never** eaten sushi.
*¿Has comido sushi alguna vez?*
*No, nunca he comido sushi*

Has he **ever** won a prize?
No, he has **never** won a prize
*¿Ha ganado él un premio alguna vez?*
*No, él nunca ha ganado un premio*

Pero también se pueden usar otros adverbios de frecuencia.

I have **sometimes** watched that program
*A veces he visto ese programa*

They have **always** been very generous
*Siempre han sido muy generosos*

**«Ever»** también se usa con el pretérito perfecto en estructuras con el superlativo. En este caso equivale a «*jamás, nunca*».

This is the most interesting book (that) I have **ever** read.
*Éste es el libro más interesante que jamás he leído.*

## DIFERENCIAS ENTRE EL PASADO SIMPLE Y EL PRETÉRITO PERFECTO

**a)** El pasado simple se usa para expresar acciones que ocurrieron en un momento determinado del pasado, mientras que el pretérito perfecto expresa un momento indeterminado.

She **wrote** that book in 1975
*Ella escribió ese libro en 1975*

She **has written** a book
*Ella ha escrito un libro*

**b)** Al usar el pasado simple nos referimos a una acción ya terminada, mientras que con el pretérito perfecto la acción puede continuar en el presente.

I **lived** in Washington for a year.
*Viví en Washington (durante) un año.*
*(Ya no vivo allí)*

I **have lived** in Washington for a year.
*He vivido en Washington (durante) un año.*
*(Sigo viviendo allí).*

## VOCABULARIO:
### ANIMALES (I) - *Animals*

| | |
|---|---|
| **cow** | *vaca* |
| **bull** | *toro* |
| **goat** | *cabra* |
| **sheep** | *oveja* |
| **pig** | *cerdo* |
| **horse** | *caballo* |
| **hen** | *gallina* |
| **turkey** | *pavo* |
| **rabbit** | *conejo* |
| **bird** | *pájaro* |
| **dog** | *perro* |
| **cat** | *gato* |
| **rat** | *rata* |
| **mouse** | *ratón* |
| **ox** | *buey* |
| **lamb** | *cordero* |
| **donkey** | *burro* |
| **duck** | *pato* |

Have you ever seen a **bull**?
*¿Has visto alguna vez un toro?*

I've never eaten **duck**
*Nunca he comido pato*

Has he ever ridden a **horse**?
*¿Ha montado él alguna vez a caballo?*

# Ejercicios

**1.-** ¿Cómo se preguntaría a alguien si...

**a)** ...ha tocado alguna vez un instrumento?

_____

**b)** ...ha ganado alguna vez la lotería?

_____

**2.-** Ordenar las palabras para formar frases.

**c)** been never she Italy to has.

_____

**d)** you painted have ever picture a ?

_____

**e)** have in always they lived small town a.

_____

**3.-** Corregir las frases que lo precisen.

**f)** I've lose my keys and I can't find them.

**g)** She has had a dog when she lived in England.

**h)** Has your sister ever had a cat?

**i)** They haven't seen an ox before.

**j)** I have broken that glass yesterday.

# unidad 78

## EL PRETÉRITO PERFECTO CON «JUST», «YET» Y «ALREADY»

**a)** Se usa el **pretérito perfecto** con «**just**» para indicar que una acción acaba de tener lugar, tanto en oraciones afirmativas como en preguntas. «**Just**» se coloca siempre delante del participio.

I have **just** arrived
_Acabo de llegar._

Have you **just** phoned her?
_¿Acabas de llamarla?_

**b)** «**Yet**» se usa en oraciones negativas y en preguntas, pero su significado varía. En frases negativas equivale a «_todavía_» y en preguntas significa «_ya_». En cualquier caso, siempre se coloca al final de la frase.

They haven't done their homework **yet**
_Ellos no han hecho sus deberes todavía_

Has he finished it **yet**?
_¿Lo ha terminado (él) ya?_

**c)** «**Already**» (ya) se usa en oraciones afirmativas y en preguntas. Su posición suele ser delante del verbo principal, aunque también puede aparecer al final.

She has **already** read that book
*Ella ya ha leído ese libro*

Have you **already** seen him?
*¿Ya lo has visto?*

Para todos estos tipos de oraciones, en inglés americano se pueden usar el pretérito perfecto o el pasado simple.

I <u>have</u> **just** <u>bought</u> a car
=
I **just** <u>bought</u> a car
*Acabo de comprar un auto*

<u>Have</u> you <u>corrected</u> it **yet**?
=
Did you <u>correct</u> it **yet**?
*¿Ya lo has corregido?*

He<u>'s</u> **already** <u>washed</u> the dishes
=
He **already** <u>washed</u> the dishes
*Él ya ha lavado los platos*

| bat | murciélago |
|---|---|
| **squirrel** | *ardilla* |
| **fox** | *zorro* |
| **deer** | *ciervo* |
| **wolf** | *lobo* |
| **bear** | *oso* |
| **kangaroo** | *canguro* |
| **camel** | *camello* |
| **monkey** | *mono* |
| **lion** | *león* |
| **tiger** | *tigre* |
| **giraffe** | *jirafa* |
| **elephant** | *elefante* |
| **zebra** | *cebra* |
| **seal** | *foca* |
| **dolphin** | *delfín* |
| **whale** | *ballena* |
| **tortoise** | *tortuga* |

I have just taken a photograph of an **elephant**.
*Acabo de tomar una foto de un elefante.*

The **fox** hasn't eaten anything yet.
*El zorro no ha comido nada todavía.*

The **deer** has already run away.
*El ciervo ya se ha escapado.*

## EXPRESAR NECESIDAD

Para expresar necesidad, en inglés se pueden usar diversas fórmulas.

### a) El verbo «to need» (necesitar).

**I need** some butter
*Necesito mantequilla.*

Si lo que se necesita es hacer algo, se usa «**need + to + infinitivo**».

**They need to study** harder
*Ellos necesitan estudiar más*

Para expresar falta de necesidad se pueden usar «**don't / doesn't need to + infinitivo**» o bien «**needn't + infinitivo**».

**I don't need to go** there
=
**I needn't go** there
*No necesito ir allí*

### b) Los verbos «have to» (tener que) y «must» (deber).

She'll **have to** borrow some money
*Ella tendrá que pedir dinero*

**I must** see the doctor soon
*Debo (necesito) ver al médico pronto*

En estos casos, la falta de necesidad se expresará con «**don't / doesn't have to**».

It's Sunday. **I don't have to** get up early.
*Es domingo. No tengo (no necesito) levantarme temprano*

---

# Ejercicios

**1.-** ¿»Just», «yet» o «already?

**a)** James has _____ phoned me four times today. (just, already)

**b)** They haven't had dinner _____ (yet, already)

**c)** I've _____ seen this movie. (yet, just)

**d)** Maureen has _____ arrived from school. (already, yet)

**e)** Have you _____ watered the plants? (yet, already)

**2.-** Completar las vocales (vocabulario de animales).

**f)** M _ N K _ Y

**g)** B _ _ R

**h)** S _ _ L

**3.-** Ordenar las palabras para formar frases.

**i)** to the eat needs tiger something.

_____

**j)** don't to giraffes need to hunt.

_____

*Soluciones:*
**1.- a)** already; **b)** yet;
**c)** just; **d)** already;
**e)** already. **2.- f)** MONKEY;
**g)** BEAR; **h)** SEAL. **3.- i)** The tiger needs to eat
something; **j)** Giraffes don't need to hunt.

211

# unidad 79

1. EL PRETÉRITO PERFECTO CONTINUO
2. DIFERENCIAS ENTRE EL PRETÉRITO PERFECTO SIMPLE Y CONTINUO
3. LOS MEDIOS DE COMUNICACIÓN – *Media*
4. EJERCICIOS

## EL PRETÉRITO PERFECTO CONTINUO

Se forma de la siguiente manera:

**Sujeto + have / has + been + gerundio +** (complementos)

**I have been studying**
*He estado estudiando*

She **has been working** all day
*Ella ha estado trabajando todo el día*

They **haven't been cleaning** their house
*Ellos no han estado limpiando su casa*

**Have** you **been sleeping**?
*¿Has estado durmiendo?*

**Has** she **been crying**? Yes, she **has**.
*¿Ha estado llorando ella? Sí*

El pretérito perfecto continuo se usa:

**a)** Para expresar una acción que empezó en el pasado y aún continúa en el presente.

**I've been waiting** here for two hours
*He estado esperando aquí durante dos horas*

It**'s been raining** since yesterday
*Ha estado lloviendo desde ayer*

**b)** Para referirse a una actividad anterior, cuyo resultado se ve en el presente.

I am sweating because I**'ve been running**.
*Estoy sudando porque he estado corriendo.*

His hands are dirty. He **has been working** in the garden.
*Sus manos están sucias.*
*Ha estado trabajando en el jardín.*

Hay que tener en cuenta que este tiempo se usa con verbos que impliquen duración. En caso contrario no se usa un tiempo continuo.

I <u>have broken</u> a vase / *He roto un jarrón*

 NO

I <u>have been breaking</u> a vase.
*He estado rompiendo un jarrón.*

Igualmente, los verbos de estado (like, know, have, etc.) no se usan en pretérito perfecto continuo.

How long <u>have</u> you <u>had</u> your computer?
*¿Cuánto hace que tienes tu computadora?*

**a)** El tiempo simple se puede referir a una acción completa y el continuo no aclara si está completa o no, sino que expresa una acción que tuvo duración.

**I've written** a letter
*He escrito una carta*

**I've been writing** a letter
*He estado escribiendo una carta*

**b)** Con el tiempo simple podemos expresar una acción única y con el continuo, una acción repetida.

**I've cut** myself
*Me he cortado*

**I've been cutting** wood
*He estado cortando leña*

| | |
|---|---|
| **television** | *televisión* |
| **radio** | *radio* |
| **press** | *prensa* |
| **newspaper** | *periódico* |
| **program** | *programa* |
| **sitcom** | *comedia* |
| **soap opera** | *telenovela* |
| **series** | *serie* |
| **movie** | *película* |
| **documentary** | *documental* |
| **news** | *noticias* |
| **talk show** | *programa de entrevistas* |
| **commercial** | *anuncio* |
| **TV set** | *televisor* |
| **headline** | *titular* |
| **magazine** | *revista* |
| **article** | *artículo* |
| **remote control** | *mando a distancia* |

I've been listening to
the **news** on the **radio**.
*He estado escuchando
las noticias en la radio.*

They haven't been watching that **sitcom**.
*Ellos no han estado viendo esa comedia.*

Have you read the **headlines**?
*¿Has leído los titulares?*

213

# Ejercicios

**1.-** Completar los espacios con el pretérito perfecto continuo.

**a)** They_____the cleaning. (not do)

**b)** _____he_____ ? (dance)

**c)** Sally and Peter_____ a magazine. (read)

**d)** I _____ all morning. (work)

---

**2.-** ¿Pretérito perfecto simple o continuo?

**e)** The car _____ (stop)

**f)** I _____ fruit for some years. (sell)

**g)** We_____the house for $500,000. (sell)

**h)** _____it _____ all day? (snow)

---

**3.-** ¿En qué tipo de programa se nos suele mostrar la vida animal?

_____

---

**4.-** ¿Cómo se denomina un programa de entrevistas?

_____

## VERBOS DITRANSITIVOS

Son aquellos verbos que requieren dos objetos: uno indirecto y otro directo.

Siguen el modelo siguiente:

| Sujeto | verbo | objeto indirecto | objeto directo |
|--------|-------|------------------|----------------|
| You | told | me | a story |
| He | has lent | Susan | his car |

Otros verbos que habitualmente siguen el modelo ditransitivo son:

| | |
|---|---|
| to ask | *pedir, preguntar* |
| to bring | *traer* |
| to buy | *comprar* |
| to describe | *describir* |
| to give | *dar* |
| to send | *enviar* |
| to show | *mostrar* |

214

They bought <u>me a birthday cake</u>
*Ellos me compraron una
tarta de cumpleaños*

He will give <u>me</u> <u>his bike</u>
*Él me dará su bicicleta*

I sent <u>George</u> <u>an email</u>
*Envié un correo electrónico a George*

She showed <u>us</u> <u>the photos</u>
*Ella nos enseñó las fotos*

Como se ve en los ejemplos, primero se
coloca el objeto indirecto (la persona) y
después el objeto directo (normalmente, la
cosa). Pero este orden varía cuando se
sustituye el objeto directo por un
pronombre. En este caso, el objeto directo
se coloca en primer lugar y luego el
indirecto, precedido por una preposición
(usualmente «to» o «for»).

He gave me <u>his book</u>
*Él me dio su libro*

He gave <u>it</u> to me
*Él me lo dio*

She bought me <u>two gifts</u>
*Ella me compró dos regalos*

She bought <u>them</u> for me
*Ella me los compró*

## EL VERBO «TO TAKE»

El verbo «**to take**» tiene muchos significados
en español, dependiendo del contexto en
el que se use. A continuación se tratan
algunos de ellos.

### a) Llevar:

He **took** the book to Glenda
*Él le llevó el libro a Glenda.*

### b) Llevar, transportar:

Will you **take** me to the airport, please?
*¿Puedes llevarme al
aeropuerto, por favor?*

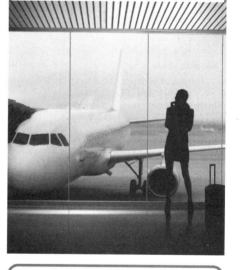

### c) Coger:

They **took** the bags from the floor
*Cogieron las bolsas del suelo*

### d) Aceptar:

Do you **take** checks?
*¿Aceptan cheques?*

215

### e) Coger, tomar, ir en:

She **takes** the bus every morning
*Ella coge el autobús todas las mañanas*

### f) Con ropa o calzado, tener una talla o calzar un número:

What size do you **take**? I **take** size 34.
*¿Qué talla tiene usted? Tengo la talla 34.*

### g) Tardar, durar:

How long does the journey **take**?
*¿Cuánto dura el viaje?*

It **takes** two hours
*Dura dos horas.*

### h) En distintas expresiones, tales como:

| |
|---|
| **-to take a shower/bath** |
| *tomar una ducha/baño* |
| **-to take an exam** |
| *hacer un examen* |
| **-to take a break/rest** |
| *tomarse un descanso* |

«To take» también se usa con preposiciones y adverbios para formar verbos preposicionales y frasales, que se tratan en otra unidad

---

**VOCABULARIO:**
HERRAMIENTAS – *Tools*

| | |
|---|---|
| **tool-box** | *caja de herramientas* |
| **pocketknife** | *navaja* |
| **sandpaper** | *papel de lija* |
| **pliers** | *alicates* |
| **level** | *nivel* |
| **saw** | *sierra* |
| **drill** | *taladro* |
| **file** | *lima* |
| **hammer** | *martillo* |
| **ax** | *hacha* |
| **screwdriver** | *destornillador* |
| **screw** | *tornillo* |
| **nail** | *clavo* |
| **nut** | *tuerca* |
| **wrench** | *llave inglesa* |

He's taken the hammer to his father
*Él le ha llevado el martillo a su padre*

Don't forget to take the screwdriver
*No olvides coger el destornillador.*

## Ejercicios

**1.-** Ordenar las palabras para formar frases.

**a)** the asked teacher Jim question a.

_____

**b)** has it Susan given me to.

_____

**c)** you buy it will her for ?

_____

**d)** has us she her shown dress new.

_____

**2.-** Completar el crucigrama con las traducciones de las siguientes palabras:

**e)** papel de lija
**f)** clavo
**g)** sierra
**h)** taladro
**i)** hacha
**j)** nivel

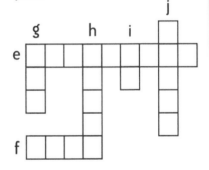

## unidad 81

1 CUANTIFICADORES
2 «EACH» Y «EVERY»
3 FORMAS DE COCINAR – _Ways of cooking_
4 EJERCICIOS

### CUANTIFICADORES

En esta unidad se tratarán algunos de ellos, acompañados de sustantivos o pronombres.

| | | |
|---|---|---|
| **all** _todo/a/os/as_ | | **us** _nosotros_ |
| **most** _la mayoría_ | | **you** _vosotros_ |
| **half** _la mitad_ | **(of)** _(de)_ | **them** _ellos_ |
| **some** _algo/alguno/a/os/as_ | | **the students** _los estudiantes_ |
| **none** _ninguno/a_ | | |

**All of us** are American
_Todos nosotros somos estadounidenses_

**Most of them** speak English
_La mayoría de ellos habla inglés_

**None of the students** passed the test
_Ninguno de los estudiantes aprobó el examen_

217

## «EACH» Y «EVERY»

**«Each»** y **«every»** tienen significados
parecidos, pero no siempre idénticos.

| each |
| --- |
| [cada (cada uno por separado)] |
| **every** |
| [cada, todos] |

A veces **«each»** y **«every»**
tienen el mismo significado:

Prices go up **each** year
*Los precios suben cada año*

Prices go up **every** year
*Los precios suben todos
los años (cada año)*

Pero, a menudo, no son
exactamente iguales.

**«Each»** expresa la idea de «uno por uno»,
es decir, enfatiza la individualidad.
Puede ir seguido de «of».

**Each** artist paints differently
*Cada artista pinta de forma diferente*

She spoke to **each of** the students
*Habló con cada uno de los estudiantes*

I gave a toy to **each of** them
*Di un regalo a cada uno de ellos*

**«Every»** considera las cosas o
a las personas como singular,
pero en un grupo o en general.

**Every** artist is sensitive
*Todos los artistas son sensibles*

**Every** person can speak English
*Todas las personas pueden hablar inglés*

**«Every»** no se puede usar para dos
cosas. En su lugar se usa **«each»**.

He was carrying a suitcase in **each** hand
*Llevaba una maleta en cada mano*

**«Every»** se usa para expresar
la frecuencia con que algo ocurre.

There is a plane to Bangkok **every** day
*Hay un avión a Bangkok todos los días*

The bus leaves **every** hour
*El autobús sale cada hora (todas las horas)*

Hay que recordar que los verbos que
acompañan a **«each»** y **«every»**
siempre se conjugan en singular.

## VOCABULARIO:
### FORMAS DE COCINAR
*Ways of cooking*

| to cook | cocinar |
| **to bake** | hornear |
| **to boil** | cocer, hervir |
| to boil | estofar |
| **to braise** | estofar |
| to fry | freír |
| **to grill** | hacer a la parrilla |
| **to barbecue** | hacer a la barbacoa |
| to roast | asar |
| **to poach** | escalfar |
| **to steam** | cocer al vapor |
| to stew | guisar |
| to toast | tostar |
| **to microwave** | hacer al microondas |
| **boiled** | cocido, hervido |
| **fried** | frito |
| **grilled** | a la parrilla |
| **toasted** | tostado |

All of them had **fried** fish
*Todos ellos tomaron pescado frito*

She **boiled** some eggs every week
*Ella cocía algunos huevos
todas las semanas*

# Ejercicios

**1.-** Traducir al inglés:

**a)** La mayoría de vosotros no sabe conducir.

_____

**b)** Ninguno de nosotros es italiano.

_____

**c)** Todas ellas han hecho sus deberes.

_____

**2.-** ¿»Each» o «every»?

**d)** Sarah plays tennis _____ Thursday afternoon.

**e)** There's a train to Los Angeles _____ hour.

**f)** There are six apartments. _____ one has two windows.

**g)** I phoned her three times but _____ time there was no reply.

**h)** He didn't understand _____ word in the text.

**3.-** ¿Cómo se dice en inglés....?

**i)** huevos fritos _____

**j)** carne a la parrilla _____

219

## EL CONDICIONAL

Es el modo que indica que una acción o situación se puede dar, si se cumplen ciertos supuestos o condiciones. Se forma con el modal **«would»** y el **infinitivo del verbo sin «to»**. Tiene una única forma para todas las personas.

I **would live** on the coast
*Yo viviría en la costa*

He **would have** a new computer
*El tendría una computadora nueva*

We **would phone** her
*Nosotros la llamaríamos*

### «Would» se puede contraer en «'d».

I**'d choose** the red blouse
*Yo elegiría la blusa roja*

She**'d go** to work by bus
*Ella iría al trabajo en autobús*

En frases negativas se utiliza **«wouldn't (would not)»**.

I **wouldn't like** to smoke
*No me gustaría fumar*

They **wouldn't get up** early
*Ellos no se levantarían temprano*

En preguntas se coloca **«would»** delante del sujeto.

**Would** <u>you</u> like to have a drink?
*¿Te gustaría (quieres) tomar algo?*

Where **would** <u>the dog</u> go?
*¿Dónde iría el perro?*

En respuestas cortas:

Would you do it for me?
**Yes, I would**.
*¿Lo harías por mí?*
*Sí, lo haría*

Would they speak in public?
**No, they wouldn't**.
*¿Hablarían en público?*
*No, no lo harían.*

## OTROS USOS DE «WOULD»

Además de usarse para expresar el modo condicional, «**would + infinitivo**» se utiliza:

**a)** Para expresar ofrecimientos e invitaciones:

**Would** you **like** some more coffee?
*¿Quieres más café?*

**b)** Para expresar deseos y peticiones de una maneral formal.

**I'd like** some cake, please
*Quiero algo de tarta, por favor*

**Would** you **open** the window, please?
*¿Puede abrir la ventana, por favor?*

**c)** Para expresar el futuro para una acción pasada.

She said (that) she **would make** a decision
*Ella dijo que tomaría una decisión*

**d)** Para expresar una conducta típica en el pasado.

Her grandmother **would listen** to that song for hours
*Su abuela escuchaba esa canción durante horas*

## VOCABULARIO:
### DESASTRES NATURALES
*Natural disasters*

| | |
|---|---|
| **avalanche** | *alud, avalancha* |
| **lightning** | *relámpago* |
| **landslide** | *desprendimiento de tierra* |
| **drought** | *sequía* |
| **storm** | *tormenta* |
| **tsunami** | *sunami* |
| **earthquake** | *terremoto* |
| **hurricane** | *huracán* |
| **tornado** | *tornado* |
| **flood** | *inundación* |
| **thunder** | *trueno* |
| **heat wave** | *ola de calor* |
| **blizzard** | *ventisca* |

What would you do in case of **flood**?
*¿Qué harías en caso de inundación?*

The experts said that there would be a **tsunami** after the **earthquake**.
*Los expertos dijeron que habría un sunami tras el terremoto*

# Ejercicios

**1.-** Corregir las frases que lo precisen.

**a)** She would does it for me.

**b)** Would you lend me your car?

**c)** I'd studied history and biology.

**d)** They would give me a lot of money.

**e)** Would you opened the door, please?

---

**2.-** Ordenar las palabras para formar frases.

**f)** would an terrible earthquake be.

**g)** cause landslide would a tragedy a.

**h)** provoke the a would explosion avalanche snow.

---

**3.-** ¿Qué desastre natural provoca...

**i)** la falta de agua?

**j)** el exceso de agua?

---

*Soluciones:*

**1.- a)** She would do it for me; **b)** - ; **c)** I'd study history and biology; **d)** - ; **e)** Would you open the door, please? **2.- f)** An earthquake would be terrible; **g)** A landslide would cause a tragedy; **h)** The explosion would provoke a snow avalanche. **3.- i)** drought; **j)** flood.

## MODELOS DE VERBOS

Se denominan así a las estructuras donde encontramos dos verbos principales seguidos. En todos los casos el primer verbo será conjugado en el tiempo correspondiente, pero el segundo verbo será gerundio o infinitivo, dependiendo de cuál sea el primero. No existen muchas reglas para saber qué forma usar, por lo que se tendrán que practicar y memorizar.

He <u>likes</u> **swimming**
*A él le gusta nadar*

I <u>wanted</u> **to rest**
*Yo quería descansar*

## VERBOS SEGUIDOS DE GERUNDIO

El gerundio (infinitivo + ing) se usa detrás de una serie de verbos, entre los que destacan:

**like** / gustar
**love** / encantar
**hate** / odiar
**admit** / admitir
**miss** / añorar
**deny** / negar
**enjoy** / disfrutar
**finish** / terminar
**avoid** / evitar

**+ gerundio
(infinitivo + ing)**

She **likes** <u>dancing</u>
*A ella le gusta bailar*

My mother **enjoyed** <u>swimming</u>
*Mi madre disfrutaba nadando*

They will **avoid** <u>going</u> to noisy places
*Ellos evitarán ir a lugares ruidosos*

I **miss** <u>living</u> in Mexico
*Añoro vivir en México*

Pero hay que tener en cuenta que al usar el modo condicional, por ejemplo con verbos que indican gustos o preferencias (like, dislike, hate, prefer, enjoy,...), el verbo que los acompaña ha de usarse en infinitivo con «to».

I **like** <u>watching</u> TV
*Me gusta ver la televisión*

pero

I **would like** <u>to watch</u> TV
*Me gustaría ver la televisión*

## VERBOS SEGUIDOS DE INFINITIVO

Existen muchos verbos que van seguidos de «to + infinitivo», entre los que se encuentran:

**choose** *elegir*
**decide** *decidir*
**promise** *prometer*
**need** *necesitar*
**help** *ayudar*
**hope** *esperar*
**learn** *aprender*
**try** *intentar*
**want** *querer*

**+ to + infinitivo**

She **learned** <u>to drive</u> two years ago
*Ella aprendió a conducir hace dos años*

They **hope** <u>to win</u> the competition
*Ellos esperan ganar la competición*

You **promised** <u>to come</u>
*Prometiste venir*

His family **decided** <u>to move</u> to Canada
*Su familia decidió mudarse a Canadá*

---

Coloquialmente, en inglés americano es muy frecuente el uso de «**wanna**» en lugar de «**want to**».

I <u>want to</u> dance = I **wanna** dance
*Quiero bailar*

| | |
|---|---|
| **musician** | *músico* |
| **orchestra** | *orquesta* |
| **conductor** | *director* |
| **baton** | *batuta* |
| **singer, vocalist** | *cantante* |
| **piano** | *piano* |
| **violin** | *violín* |
| **cello** | *violoncelo* |
| **bass** | *bajo* |
| **trumpet** | *trompeta* |
| **flute** | *flauta* |
| **drum** | *tambor* |
| **guitar** | *guitarra* |
| **drums** | *batería* |
| **keyboard** | *teclado* |
| **synthesizer** | *sintetizador* |
| **classical music** | *música clásica* |
| **pop music** | *música pop* |

I learned to play the **piano** when I was young.
*Aprendí a tocar el piano cuando era joven.*

Susan enjoys listening to **classical music**.
*Susan disfruta escuchando música clásica.*

They wanted to play the **trumpet,** but then they decided to play the **flute**.
*Ellos querían tocar la trompeta pero luego decidieron tocar la flauta.*

# Ejercicios

**1.-** ¿Gerundio o infinitivo?

**a)** Peter and Molly enjoy _____
(walk) in the rain.

**b)** I'd like _____ (finish) soon.

**c)** We've decided _____
(get married) in October.

**d)** When did you finish _____
(paint) the bedroom?

**e)** I hope _____ (earn) more money.

**f)** What sort of books do you like
_____ ? (read)

**g)** James wants _____ (see) me.

**h)** Linda is trying _____ (play) the guitar.

**i)** They hate _____ (listen) to the
drums.

**j)** Did you learn _____ (conduct) an
orchestra?

# unidad 84

## VERBOS SEGUIDOS DE INFINITIVO Y GERUNDIO

**a)** Hay una serie de verbos que admiten que el verbo que los acompaña pueda tener forma de infinitivo o gerundio, sin cambio de significado.

| | | |
|---|---|---|
| **start** *empezar, comenzar* | | **to + infinitivo** |
| **begin** *empezar, comenzar* | **+** | |
| **continue** *continuar, seguir* | | **gerundio** |

It **started** to rain / raining at five
*Empezó a llover a las cinco*

Por razones de estilo, cuando «start», «begin» y «continue» están conjugados de forma continua (acaban en «-ing»), el verbo que los acompaña aparece en infinitivo.

It **is starting**
to rain
*Está empezando
a llover*

**b)** Otros verbos admiten ir seguidos de un infinitivo o un gerundio, pero sí cambia su significado.

| | |
|---|---|
| **forget**<br>*olvidar* | **to + infinitivo**:<br>*hacer algo<br>(después)* |
| **remember**<br>*acordarse de* | **gerundio**:<br>*haber hecho algo<br>(antes)* |

I **forgot** *to close* the door
*Olvidé cerrar la puerta*

I **forgot** *closing* the door
*Olvidé que había cerrado la puerta*

She **remembered** *to mail* the letter
*Ella se acordó de echar la carta*

She **remembered** *mailing* the letter
*Ella recordó haber echado la carta*

---

**stop** + **to + infinitivo**

*detenerse para hacer algo*

**stop** + **gerundio**

*dejar de hacer algo*

I **stopped** to buy some candies
*Paré para comprar unos caramelos*

I **stopped** buying candies
*Dejé de comprar caramelos*

---

## MODELOS DE VERBOS CON NOMBRES Y PRONOMBRES

Hay muchos verbos que van normalmente seguidos de infinitivo y que se usan con un nombre o pronombre entre los dos verbos. Ése será, casi siempre, el «sujeto» del verbo en infinitivo.

I want to sing / *Quiero cantar*

I want **you**
to sing
*Quiero que
tú cantes*

Otros verbos que siguen este modelo son:

**allow** / *permitir*
**ask** / *pedir*
**encourage** / *animar*
**help** / *ayudar*
**need** / *necesitar*
**invite** / *invitar*
**promise** / *prometer*
**tell** / *decir*
**want** / *querer*

**me**
**him**
**them**
**someone**

**to + infinitivo**

His parents don't **allow** <u>him</u> **to smoke**.
*Sus padres no le permiten fumar.*

They **told** <u>Greg</u> **to travel** to China.
*Ellos le dijeron a Greg que viajara a China.*

Do you **want** <u>me</u> **to study** medicine?
*¿Quieres que estudie medicina?*

## VERBOS SEGUIDOS DE INFINITIVO SIN «TO»

Hay unos pocos verbos que van seguidos de nombres o pronombres y de otro infinitivo sin «to».

| **let**<br>*-jar, permitir* | her | |
|---|---|---|
| **make**<br>*hacer* | us | + ~~to~~ + **infinitivo** |
| **help**<br>*ayuda* | Betty | |

Do your parents **let** <u>you</u> **go out** until midnight?
*¿Te dejan salir tus padres hasta medianoche?*

The movie **made** <u>me</u> **cry**
*La película me hizo llorar*

I can **help** <u>Peter</u> **do** the exercise
*Puedo ayudar a Peter a hacer el ejercicio*

Como se puede apreciar, el verbo «help» admite un infinitivo con o sin «to», sin variar su significado. Este último ejemplo también se podría expresar:

I can **help** <u>Peter</u> **to do** the exercise.

# Ejercicios

**1.-** Escoger la forma correcta.

**a)** She remembered (to tell / tell) me that I was making a mistake.

**b)** Her parents let him (to do / do / doing) what he wanted.

**c)** I finished ( watch / to watch / watching) TV.

**d)** They want me (to be / be / being) their teacher.

**e)** Can I help you (doing / do) the cleaning?

**f)** My sister started (cough / coughing).

**g)** My parents encouraged me (study / to study / studying) at university.

**h)** Did you forget (walk / to walk) the dog?

**i)** I stopped (smoking / smoke).

**j)** I stopped (smoke / to smoke).

*Soluciones:*

1.- **a)** to tell; **b)** do;
**c)** watching; **d)** to be;
**e)** do; **f)** coughing; **g)** to study; **h)** to walk; **i)** smoking; **j)** to smoke.

# unidad 85 contenido

1 USO DE «SO» Y «BECAUSE»
2 TRATAMIENTOS AL ESCRIBIR UNA CARTA O CORREO ELECTRÓNICO
3 DIRECCIONES DE CORREO ELECTRÓNICO
4 LA COMPUTADORA – *The computer*
5 EJERCICIOS

## USO DE «SO» Y «BECAUSE»

«So» y «because» son dos conjunciones, por lo que van seguidas de un sujeto y un verbo.

«**So**» expresa el efecto o resultado de una acción y equivale a «*así (que), por lo tanto*».

I was tired, **so** I went to bed
*Estaba cansado, así que me fui a la cama*

She couldn't sleep, **so** she got up and took a pill.
*No podía dormir, así que se levantó y se tomó una píldora.*

«**Because**» expresa una razón y equivale a «*porque*».

I went to bed **because** I was tired.
*Me fui a la cama porque estaba cansado.*

She took a pill **because** she couldn't sleep.
*Ella se tomó una píldora porque no podía dormir.*

## CARTA O CORREO ELECTRÓNICO

**a)** Si no conocemos el nombre del receptor:

Al encabezar una carta o correo electrónico se usan:

**Dear Sir**

*Estimado Señor*

**Dear Madam**

*Estimada Señora*

**Dear Sir o Madam**

*Estimados Señor o Señora*

**Dear Sirs**

*Estimado Señores*

Para despedirse:

**Yours faithfully** / *Atentamente*

**b)** Si conocemos el nombre del receptor:

En el encabezamiento:

**Dear Mr. Hamilton**

*Estimado Sr. Hamilton*

**Dear Mrs. Smith**

*Estimada Sra. Smith*

**Dear Miss Jackson**

*Estimada Señorita Jackson*

**Dear Ms Roberts**

*Estimada Sra. Roberts*

En la despedida:

**Yours sincerely** / *Atentamente*

**c)** Si enviamos el correo a un amigo:

En el encabezamiento:

**Dear John**

*Estimado John*

Al despedirnos:

**Yours**
**Best wishes** } *Atentamente*
**Best regards**

### DIRECCIONES DE CORREO ELECTRÓNICO

ara leer una dirección de correo electrónico
usamos los términos siguientes:

albert_gloves@telemail.com

se:

'bert **underscore** gloves **at** telemail **dot** com

## Ejercicios

**1.-** ¿»So» o «because»?

**a)** I went to the party _____ I wanted to see Mary.

**b)** I'm studying English _____ I love languages.

**c)** He is shocked _____ he saw an accident.

**d)** She didn't invite me, _____ I didn't go to the party.

**2.-** ¿Qué despedida usamos con alguien de quien no conocemos ni el nombre?

_____

**3.-** ¿Qué palabra usamos en todo tipo de encabezamientos de cartas?

_____

**4.-** ¿Cómo se lee la siguiente dirección de correo electrónico?
jeffreydawson_1@vivamail.com

_____

_____

**5.-** Completa las vocales para formar palabras relativas a la computadora.

**e)** K _ Y B _ _ R D
**f)** M _ _ S _
**g)** H _ M _ P _ G _

*Soluciones:*
**1.- a)** because;
**b)** because; **c)** because;
**d)** so **2.-** Yours faithfully
**3.-** Dear **4.-** jeffreydawson undescore
one at vivamail dot com **5.- e)** KEY-
BOARD; **f)** MOUSE; **g)** HOMEPAGE.

# unidad 86

1 VERBOS COMPUESTOS POR MÁS DE UNA PALABRA
2 VERBOS FRASALES (TIPO 1)
3 MOSTRAR OPINIONES
4 EJERCICIOS

## VERBOS COMPUESTOS POR MÁS DE UNA PALABRA

Como ya se ha podido ver, en inglés hay mucho verbos formados por varias palabras. Son lo verbos compuestos. Éstos pueden ser:

**Tipo 1)**
**verbo + adverbio (sin objeto)**

I **get up** at seven
*Me levanto a las siete.*

**Tipo 2)**
**verbo + adverbio + objeto**

She **looked up** a word in the dictionary
*Ella buscó una palabra en el diccionario*

**Tipo 3)**
**verbo + preposición + objeto**

They were **looking for** their keys
*Ellos estaban buscando sus llaves*

**Tipo 4)**
**verbo + adverbio + preposición + obje**

We have **run out of** sugar
*Nos hemos quedado sin azúcar*

230

Los **verbos frasales** son los formados con adverbios, por lo que serían los de los tipos 1 y 2. Al tipo 3 pertenecen los **verbos preposicionales** y al tipo 4 los **verbos frasales preposicionales**.

Hay que tener en cuenta que, aunque se conozca el significado del verbo, el adverbio o la preposición lo pueden cambiar y, en muchos casos, no tiene ninguna relación con el mismo.

**Come** (*venir*) **+ across** (*a través*)

=

**come across**

(*toparse, encontrarse casualmente*)

## VERBOS FRASALES (TIPO 1)

Están formados por un verbo y un adverbio. No precisan de ningún objeto.

Son verbos frasales de este tipo, por ejemplo:

| | |
|---|---|
| **come in** | *entrar* |
| **go out** | *salir* |
| **sit down** | *sentarse* |
| **shut up** | *callarse* |
| **break down** | *averiarse* |
| **stand up** | *ponerse de pie* |
| **run away** | *escapar* |
| **be back** | *estar de vuelta* |
| **be over** | *terminar* |
| **fall down** | *caerse* |
| **get up** | *levantarse* |

The children **came in** and **sat down**
*Los niños entraron y se sentaron*

The storm **is over**
*La tormenta ha terminado*

Her grandmother **fell down** yesterday
*Su abuela se cayó ayer*

Are you **going out** tonight?
*¿Vas a salir esta noche?*

## MOSTRAR OPINIONES

En esta sección se trata cómo mostrar una opinión después de que alguien haya expresado una idea. Para ello se suelen utilizar «**so**» y «**not**» con los verbos:

| | |
|---|---|
| **I think so** | *Creo que sí* |
| **I don't think so** | *Creo que no* |
| **I suppose so** | *Supongo que sí* |
| **I guess so** | |
| **I suppose not** | *Supongo que no* |
| **I guess not** | |
| **I hope so** | *Espero que sí* |
| **I hope not** | *Espero que no* |
| **I'm afraid so** | *Me temo que sí* |
| **I'm afraid not** | *Me temo que no* |

Did his truck break down?

**I don't think so**.

*¿Se le averió el camión?*

*Creo que no.*

Is any bank open now?

**I suppose so.**

*Hay algún banco abierto ahora?*

*Supongo que sí.*

Will you get good qualifications?

**I hope so.**

*¿Sacarás buenas calificaciones?*

*Espero que sí.*

Will he get up at 7 tomorrow?

No, **I'm afraid not.**

*¿Se levantará a las 7 mañana?*

*No, me temo que no.*

# Ejercicios

**1.-** Completar con los verbos «be back», «be over», «run away», «sit down», «break down» y «fall down».

**a)** The students _____ and listened to the teacher.

**b)** The pickpocket could _____

**c)** The class _____

**d)** I'll_____tomorrow.

**e)** He _____ and broke his arm.

**f)** My car _____and I had to take the bus.

---

**2.-** Mostrar opiniones.

**g)** Did he buy any milk?

_____

(yes, hope)

**h)** Do you have enough money?

_____

(no, think)

**i)** Is that Alex?_____

(yes, suppose)

**j)** Are you coming to the disco?

_____

(no, afraid)

Soluciones:

**1.- a)** sat down; **b)** run away; **c)** is over; **d)** be back; **e)** fell down; **f)** broke down. **2.- g)** I hope so; **h)** I don't think so; **i)** I suppose so; **j)** I'm afraid not.

232

# unidad 87

1 VERBOS FRASALES (TIPO 2)
2 LA PALABRA «RIGHT»
3 CIVILIZACIONES - *Civilizations*
4 EJERCICIOS

## VERBOS FRASALES (TIPO 2)

Están formados por un verbo y un adverbio, pero, además, necesitan de un objeto o complemento.

Entre los verbos que siguen este modelo se encuentran:

| | |
|---|---|
| **turn on/off** | *encender/apagar* |
| **turn up/down** | *subir/bajar (volumen)* |
| **put on** | *ponerse (ropa)* |
| **take off** | *quitarse (ropa)* |
| **put up** | *dar alojamiento* |
| **throw away** | *tirar* |
| **look up** | *buscar (en un libro)* |
| **fill out** | *rellenar* |
| **find out** | *descubrir* |
| **bring up** | *educar* |

Can you **turn on** <u>the radio</u>?
*¿Puedes encender la radio?*

I've **put on** <u>a white shirt</u>
*Me he puesto una camisa blanca*

They didn't **fill out** <u>that form</u>
*Ellos no rellenaron ese formulario*

En estos casos el objeto se encuentra detrás del adverbio, perotambién se puede colocarentre el verbo y el adverbio.

Can you **turn** <u>the radio</u> **on**?

I've **put** <u>a white shirt</u> **on**.

Si el objeto es un pronombre, su única posición posible es entre l verbo y el adverbio.

Can you **turn** <u>it</u> **on**?     I've **put** <u>it</u> **on**.

NO ▶

Can you turn on <u>it</u>?     I've put on <u>it</u>.

Muchas veces podemos «suponer» qué adverbio usar junto al verbo, pero, en muchos otros casos, su traducción no es literal.

## LA PALABRA «RIGHT»

La palabra **«right»**, además de significar «*derecho/a*», se puede utilizar en diferentes situaciones.

**a) «All right» («alright»)** equivale a «*está bien*», «*de acuerdo*».

- I'll pick you up at 5
- *Te recogeré a las 5*

- **All right**
- *De acuerdo*

233

**b) «That's right»** equivale a
*«así es», «eso es».*

- So you live in Florida
- *Así que vives en Florida*

- Yes, **that's right!**
- *Sí, así es*

**c) «Right here»** (*«aquí mismo»*)
y **«right there»** (*«allí mismo»*)

Leave this parcel **right here**
*Deja este paquete aquí mismo*

**d) «Right now»** significa
*«ahora mismo».*

I'm studying English **right now**
*Ahora mismo estoy estudiando inglés*

**e) «To be right»** significa
*«tener razón».*

- Barbara looks like Annie
- *Bárbara se parece a Annie*

- Yes, **you're right**
- *Sí, tienes razón.*

# Ejercicios

**1.-** Completar los espacios con los verbos «turn on», «take off», «put up», «bring up».

**a)** They didn't _____ their children.

**b)** She _____ her coat when she got home.

**c)** Can you _____ the light, please?

**d)** I ____ Michael ____ for a week last year.

---

**2.-** Completar las frases con «them», «up», «his brother», «out».

**e)** What are you looking _____ in that book?

**f)** I throw _____ away.

**g)** His grandparents brought up _____

**h)** Did you find _____ anything interesting?

---

**3.-** Ordenar las palabras para formar frases.

**i)** now making she's omelette an right.

_____

**j)** is a about there here book right archeology.

_____

# unidad 88
contenido

1 VERBOS PREPOSICIONALES
2 VERBOS FRASALES PREPOSICIONALES
3 NEGOCIOS - *Business*
4 EJERCICIOS

## VERBOS PREPOSICIONALES

Están formados por un verbo y una preposición. Siempre precisan de un objeto, y éste <u>siempre</u> (sea nombre o pronombre) estará colocado después de la preposición.

Verbos preposicionales son:

| | |
|---|---|
| **look after** | cuidar |
| **look for** | buscar |
| **come across** | toparse con |
| **break into** | irrumpir |
| **talk about** | hablar sobre |
| **wait for** | esperar |
| **get over** | recuperarse |
| **look into** | investigar |

235

My mother **is looking after** <u>my children</u>
*Mi madre está cuidando a mis hijos*

My mother **is looking after** <u>them</u>
*Mi madre los está cuidando*

I **came across** <u>them</u> in Madrid
*Me encontré con ellos en Madrid*

Are you **waiting for** <u>your friends</u>?
*¿Estás esperando a tus amigos?*

She was **talking about** <u>that</u>
*Ella estaba hablando de eso*

Peter **is looking for** <u>his glasses</u>
*Peter está buscando sus gafas*

En preguntas, podemos acabar
las mismas con la preposición.

Who are you **looking after**?
*¿A quién estás cuidando?*

What was she **talking about**?
*¿De qué estaba hablando ella?*

## VERBOS FRASALES PREPOSICIONALES

Son verbos formados por tres palabras:
un verbo base, un adverbio y una preposición
También precisan de un objeto que <u>siempre</u>
seguirá a la preposición.

Ejemplos de este modelo de verbos son:

| | |
|---|---|
| **look down on** | *despreciar* |
| **run out of** | *quedarse sin* |
| **get on with** | *llevarse con alguien* |
| **cut down on** | *reducir (el consumo)* |

We **have run out of** <u>milk</u>
*Nos hemos quedado sin leche*

We **have run out of** <u>it</u>
*Nos hemos quedado sin ella*

How do you **get on with** <u>your neighbors</u>?
*¿Cómo te llevas con tus vecinos?*

You must **cut down on** <u>cigarettes</u>
*Debes reducir el consumo de cigarrillos*

She **looks do**
**on** <u>everybo</u>
*Ella despreci*
*todo el mun*

Al no existir reglas para saber qué ver qu
adverbios o preposiciones usar, en cualqu
tipo de verbos compuestos tendremos qu
recurrir a la práctica y a la memorización
los mismos para usarlos correctamente

## VOCABULARIO:
### NEGOCIOS - Business

| | |
|---|---|
| **factory** | *fábrica* |
| **company** | *compañía* |
| **meeting** | *reunión* |
| **agreement** | *acuerdo* |
| **to do business** | *hacer negocio* |
| **to make a deal** | *cerrar un trato* |
| **branch** | *sucursal* |
| **client, customer** | *cliente* |
| **buyer** | *comprador* |
| **seller** | *vendedor* |
| **product** | *producto* |
| **firm** | *empresa, firma* |
| **signature** | *firma* |
| **to sign** | *firmar* |
| **contract** | *contrato* |
| **promotion** | *ascenso* |
| **employer** | *patrón* |
| **employee** | *empleado* |
| **manager** | *gerente* |
| **executive** | *ejecutivo* |

We were talking about our **customers**
and our **branches** abroad.
*Estábamos hablando de nuestros clientes
y nuestras sucursales en el extranjero.*

The **company** is looking for other
**firms** to **do business**.
*La compañía está buscando otras
empresas para hacer negocio.*

# Ejercicios

**1.-** Corregir las frases que lo precisen.

**a)** Somebody broke into my house.

_____

**b)** How does he get with his classmates?

_____

**c)** He looked down on we.

_____

**d)** What are they looking for?

_____

**e)** She never cut down alcohol.

_____

**f)** They have run of bread.

_____

**2.-** Ordenar las palabras para formar frases.

**g)** manager down the on employees looks the

_____

**h)** do get with customer how you on that?

_____

**3.-** ¿Cómo se dice en inglés....?

**i)** acuerdo _____

**j)** firma _____

237

# unidad 89

## «SO» Y «SUCH»

Ambas palabras suelen confundir al estudiante de inglés.

«**So**» equivale a «*tan*» (entre otros significados) y puede acompañar a:

**a)** Un adjetivo

**so + adjetivo**

Don't be **so naughty**!
*¡No seas tan travieso!*

The house is **so expensive** that I can't buy it.
*La casa es tan cara que no puedo comprarla.*

**b)** Un adverbio

**so + adverbio**

She speaks **so slowly** that you can understand her very well.
*Ella habla tan despacio que puedes entenderla muy bien.*

It is **so late** that we will have to take a cab.
*Es tan tarde que tendremos que coger un taxi.*

«**Such**» también equivale a «*tan*» y acompaña a (un adjetivo y) un sustantivo.

**such (a/an) + adjetivo + sustantivo**

**a)** Si el sustantivo es contable en singular, se coloca «**a(n)**» delante del adjetivo.

It's **such a nice movie**!
*¡Es una película tan bonita!*

It was **such an interesting book** that I read it quickly
*Era un libro tan interesante que lo leí rápidamente*

**b)** Si el sustantivo es incontable o contable en plural, no se coloca «a(n)», y, a veces, tampoco el adjetivo. En este último caso, «such» significa «*tal/tales, dicho/a/os/as*».

They were **such expensive pictures** that I couldn't buy them
*Eran unos cuadros tan caros que no pude comprarlos*

Most students discuss **such topics** in cla
*La mayoría de los estudiantes discuten tales (dichos) temas en clase*

Tanto «**so**» como «**such**» refuerzan el significado del adjetivo.

The conference was **so boring** that I left.
*La conferencia era tan aburrida que me fui.*

It was **such a boring conference** that I left.
*Era una conferencia tan aburrida que me fui.*

## LOS PRONOMBRES REFLEXIVOS

Los pronombres reflexivos se usan para expresar que el sujeto realiza la acción y él mismo la recibe.

Son los siguientes:

**myself**

*me, yo mismo, a mí mismo*

**yourself**

*te, tú mismo, a ti mismo*

**himself**

*se, (a) él mismo, sí mismo*

**herself**

*se, (a) ella misma, sí misma*

**itself**

*se, (a) él/ella mismo/a, sí mismo/a*

**ourselves**

*nos, (a) nosotros/as mismos/as*

**yourselves**

*os, (a) vosotros/as mismos/as*

**themselves**

*se, (a) ellos/as mismos/as*

I cut **myself** with a knife
*Me corté con un cuchillo*

She is looking at **herself** in the mirror
*Ella se está mirando en el espejo.*

Do they want to hurt **themselves**?
*¿Quieren hacerse daño?*

Hay que notar la diferencia entre las formas singulares, acabadas en «-**self**» y las plurales, acabadas en «-**selves**».

| You washed **yourself**. |
| --- |
| *Te lavaste* |
| You washed **yourselves** |
| *Os lavasteis* |

Los pronombres reflexivos también se usan para enfatizar una acción.

I did it **myself**
*Lo hice yo mismo*

Did he solve the problem **himself**?
*¿Resolvió el problema él mismo?*

# Ejercicios

**1.- Completar con el pronombre reflexivo correspondiente.**

**a)** The plate is too hot. Don't burn
_____ !

**b)** He is always talking to _____

**c)** Are they enjoying _____?

**d)** She fell off her bike but she didn't hurt

_____

**e)** I have to shave _____

**2.- ¿»So» o «such»?**

**f)** Bob speaks English _____fluently that I thought he was American.

**g)** I had never seen _____ high mountains.

**h)** They are _____ funny!. They always make me laugh.

**i)** I have never heard _____music.

**j)** The book is _____ good that I have read it four times.

*Soluciones:*
**1.- a)** yourself/
yourselves; **b)** himself;
**c)** themselves; **d)** herself;
**e)** myself. **2.- f)** so; **g)** such; **h)** so;
**i)** such; **j)** so.

240

---

# unidad 90

1. LAS ORACIONES CONDICIONALES
2. PRIMER TIPO DE ORACIONES CONDICIONALES
3. EJERCICIOS

## LAS ORACIONES CONDICIONALES

Están formadas por dos frases: una de ellas expresa una condición y la otra un resultado. Existen diversos tipos de oraciones condicionales, dependiendo del grado de seguridad en que se puedan cumplir las acciones. La frase que expresa la condición esté colocada en primer o segundo lugar, va precedida de «**if**» (*si*).

**If** I study hard I will pass the exam
    *condition*        *result*

=

I will pass the exam **if** I study hard
   *result*        *condition*

*Si estudio mucho aprobaré el examen.*

## PRIMER TIPO DE ORACIONES CONDICIONALES

En este tipo de oraciones, la condición es factible y el resultado es muy probable.

Su estructura es:

**If** + sujeto + **presente** + (complementos)
sujeto + **futuro** + (complementos)

**If** you **are** late you **will miss** the bus
*Si llegas tarde perderás el autobús*

She **will go** to the party **if** you **invite** her
*Ella irá a la fiesta si la invitas*

**If** you come home you will taste my salad.
*Si vienes a casa probarás mi ensalada.*
*(Si no vienes, no lo harás).*

**When** you come home you
will taste my salad.
*Cuando vengas a casa probarás
mi ensalada. (Se espera el momento
de que ocurra).*

She **won't ring** you up **if** you
**don't give** her your number.
*Ella no te llamará si
no le das tu número.*

When I see him I **am going to** embrace him.
*Cuando lo vea voy a abrazarlo.*

If you pay attention you **can** learn easily.
*Si prestas atención puedes
aprender fácilmente.*

**If** I **get up** early,
I **won't wake** you up.
*Si me levanto temprano
no te despertaré.*

When you go to Paris you
**must** see the Eiffel tower.
*Cuando vayas a París tienes
que ver la torre Eiffel.*

**If** you **don't pass** your
exams, what **will** you **do**?
*Si no apruebas tus
examenes, ¿qué harás?*

If you want to eat well, **come** to my restaurant.
*Si quieres comer bien, ven a mi restaurante.*

Where **will** you **go** if
they **can't** put you up?
*¿Dónde irás si ellos
no pueden alojarte?*

241

## Ejercicios

**1.-** Conjugar el verbo en el tiempo correspondiente.

**a)** I_____(not come) if John _____ (be) here.

**b)** If he _____(save) enough money, he'll _____ (buy) a new car.

**c)** If you _____(eat) it now, you _____ (have) anything for lunch.

**d)** She _____(lend) you her umbrella when you _____(need) it.

**e)** If you _____(want) to see the photos, _____ (come) to my house.

**f)** They _____(stay) at home if it _____ (rain) today.

**g)** If we _____(have) time, we _____ (visit) our parents later.

**2.-** Ordenar las palabras para formar frases.

**h)** she call you call if doesn't you her can.

_____

**i)** fell must in stay you if sick you bed.

_____

**j)** I if bus come soon late school for the doesn't will be.

_____

---

## CLÁUSULAS DE TIEMPO

Hay una serie de conjunciones de tiempo que se pueden usar con frases condicionale En la unidad 90 se trató el uso de «**when**» (*cuando*), pero también pueden aparecer «**as soon as**» (*tan pronto como*), **before** (*antes*), **after** (*después de*), «**until**» (*hasta*) o «**while**» (*mientras*).

I'll pay you back **as soon as** I get some mon
*Te devolveré el dinero tan pronto como consiga algo (de dinero)*

I want to see her **before** she leaves
*Quiero hablar con ella antes de que se vay*

I'll phone you **after** I get home
*Te llamaré después de que llegue a casa*

I won't speak to her **until** she says sorry
*No hablaré con ella hasta que diga que lo sie*

They will read a lot of books **while** they are on vacation
*Ellos leerán muchos libros mientras están de vacaciones*

## SEGUNDO TIPO DE ORACIONES CONDICIONALES

Se usan para expresar una situación irreal y su posible resultado. La condición es improbable, por lo que se da en situaciones imaginarias.

Su estructura es:

**If** + sujeto + **pasado** + (complementos), sujeto + **would + infinitivo** + (complementos)

**If** I **won** some money, I **would travel** around the world
*Si yo ganara algo de dinero viajaría por el mundo*

I **wouldn't do** it **if** I **didn't like** it
*Yo no lo haría si no me gustara*

What **would** you **do if** you **saw** someone shoplifting?
*¿Qué harías si vieras a alguien robando en una tienda?*

Como se ve en los ejemplos, ambas frases pueden ser afirmativas, negativas, una de ellas afirmativa y la otra negativa, o preguntas.

Si se usa el verbo «**to be**» en la condición, se suele usar la forma «**were**» para todas las personas.

If I **were** you, I wouldn't do it
*Si yo fuera tú, no lo haría*

«**Would**» también puede ser sustituido por «**could**» o «**might**».

We **couldn't** buy it if we didn't have any money
*No podríamos comprarlo si no tuviéramos dinero*

If I saved some money I **might** be able to buy a computer
*Si ahorrara dinero podría comprarme una computadora*

| | |
|---|---|
| **church** | *iglesia* |
| **cathedral** | *catedral* |
| **temple** | *templo* |
| **synagogue** | *sinagoga* |
| **mosque** | *mezquita* |
| **faith** | *fe* |
| **believer** | *creyente* |
| **Christian** | *cristiano* |
| **Catholic** | *católico* |
| **Protestant** | *protestante* |
| **Mormon** | *mormón* |
| **Hindu** | *hindú* |
| **Jew, Jewish** | *judío* |
| **Muslim** | *musulmán* |
| **Buddhist** | *budista* |

Los seguidores de una religión se escriben con mayúscula en inglés.

I have a **Muslim** friend who is married to a **Catholic**.
*Tengo un amigo musulmán que está casado con una católica.*

If I were Indian I might be **Hindu**.
*Si fuera indio puede que fuera hindú.*

# Ejercicios

**1.-** Usar el 2º tipo de oraciones condicionales.

**a)** If I _____ (have) more spare time I _____ (play) golf.

**b)** She _____ (open) a restaurand if she _____ (cook) well.

**c)** You _____ (see) a lot of mosques if you _____ (go) to Egypt.

**d)** If he _____ (be) taller he _____ (can) be a basketball player.

**e)** They _____ (drink) wine if they _____ (be) Muslims.

**2.-** Corregir las frases que lo precisen.

**f)** If I could travel abroad I will go to Brazil.

_____

**g)** You wouldn't have mice if you had a cat.

_____

**h)** If you could choose, how will you travel?

_____

**i)** If she came soon we could go to the movies.

_____

**j)** Would they live in a caravan if they could?

_____

*Soluciones:*

**1.- a)** had...would play;
**b)** would open...cooked;
**c)** would see... went;
**d)** were...could; **e)** wouldn't drink...were.
**2.- f)** If...I would go to Brazil; **g)** - ;
**h)** If...how would you travel?; **i)** - ; **j)** - .

244

# unidad 92

1 EL PRETÉRITO PLUSCUAMPERFECTO (THE PAST PERFECT)
2 ADJETIVOS CON PREPOSICIONES
3 EJERCICIOS

## EL PRETÉRITO PLUSCUAMPERFECTO (THE PAST PERFECT)

Este tiempo se forma con el pasado del verbo **«have» (had)** y el **participio del verbo principal.** Tiene una forma invariable para todas las personas.

I **had done** my homework
*Yo había hecho mis deberes*

He **had bought** a tie
*Él había comprado una corbata*

They **had lived** in Australia
*Ellos habían vivido en Australia*

«**Had**» se puede contraer co el sujeto con la forma «**'d**».

You**'d written** a novel
*Tú habías escrito una novela*

She**'d stolen** a purse
*Ella había robado un bolso*

## Recuerda

No confundir la contracción de «**had**» con la de «**would**». Ambas son iguales («**'d**»), pero a «**had**» le sigue un participio y a «**would**», un infinitivo.

I**'d** seen that picture. (had)
*Yo había visto ese cuadro*

I**'d** see that picture. (would)
*Yo vería ese cuadro.*

---

En oraciones negativas se usa «**hadn't (had not)**» y en preguntas, se invierte el orden entre «**had**» y el sujeto.

We **hadn't forgotten** to buy some food
*No habíamos olvidado comprar comida*

Where **had** you **been**?
*¿Dónde habías estado?*

---

### En respuestas cortas:

Had you been to China before?
**Yes, I had**.
*¿Habías estado en China antes? Sí.*

Had they found oil?
**No, they hadn't**.
*¿Habían encontrado petróleo?*

---

### Uso:

El pretérito pluscuamperfecto se usa para expresar una acción que ocurrió previamente a otra acción pasada. Se podría decir que es el pasado del pasado.

When I got home, my father **had done** the cleaning.

action 2      action 1

*Cuando llegué a casa, mi padre había hecho la limpieza*

---

Si se usa un pasado simple en lugar del pluscuamperfecto, el sentido varía.

When I got home, my father **did** the cleaning
*Cuando llegué a casa, mi padre hizo la limpieza (Después de llegar yo)*

## VOCABULARIO:
### ADJETIVOS CON PREPOSICIONES

Hay una serie de adjetivos que suelen ir acompañados de preposiciones. Algunos de ellos son:

| | |
|---|---|
| **angry with** | *enfadado con* |
| **afraid of** | *temeroso de* |
| **curious about** | *curioso por* |
| **different from** | *diferente a* |
| **disappointed with** | *defraudado con* |
| **excited about** | *emocionado por* |
| **fed up with** | *harto de* |
| **happy about** | *feliz por/de* |
| **interested in** | *interesado por/en* |
| **jealous of** | *celoso de* |
| **nervous of/about** | *nervioso por* |
| **proud of** | *orgulloso de* |
| **ready for** | *preparado para* |
| **related to** | *relacionado con* |
| **sorry for/about** | *apenado por* |
| **sure of** | *seguro de* |
| **tired of** | *cansado de* |
| **worried about** | *preocupado por* |

I'm **fed up with** you
*Estoy harto de ti*

They are **different from** us
*Ellos son diferentes a nosotros*

She was **sorry for** being late
*Ella lamentó llegar tarde*

Are you **worried about** my studies?
*¿Estás preocupado por mis estudios?*

---

# Ejercicios

**1.-** Completar los espacios con el pretérito pluscuamperfecto de los verbos:

**a)** I was tired because I _____ (sleep) badly.

**b)** She threw the letter away after she _____ (read) it.

**c)** They didn't go to bed until they _____ (brush) their teeth.

**d)** When Hommer got to the theater, the play _____ (start).

**2.-** Corregir las frases que lo precisen.

**e)** I thanked her for everything she did.

**f)** He bought the car after he had passed his driving test.

**g)** Helen didn't eat anything before she finished her work.
_____

**3.-** Ordenar las palabras para formar frases.

**h)** proud is of she children her.
_____

**i)** in are interested you that picture buying?

**j)** is mother of my afraid spiders.
_____

*soluciones:*

**1.- a)** had slept; **b)** had read; **c)** had brushed; **d)** had started. **2.- e)** I thanked her for everything she had done; **f)** - ; **g)** Helen hadn't eaten anything before she finished her work. **3.- h)** She is proud of her children; **i)** Are you interested in buying that picture?; **j)** My mother is afraid of spiders.

246

# unidad 93

## TERCER TIPO DE ORACIONES CONDICIONALES

Este tipo de oraciones se refieren al pasado, en el que la condición no ocurrió. Se trata de situaciones irreales o imposibles.

Su estructura es:

**If** + Sujeto + **pretérito pluscuamperfecto** + (complementos), sujeto + **would + have + participio** + complementos

La condición se expresa en **pretérito pluscuamperfecto (had + participio)** y el resultado, con «**would have + participio**».

Tanto la condición como el resultado pueden ser frases afirmativas, negativas o puede tratarse de una pregunta.

**If I had studied** harder, I **would have passed** the exam
*Si hubiera estudiado más, habría aprobado el examen*

**If** you **had driven** more carefully, you **wouldn't have had** the accident
*Si hubieras conducido con más cuidado, no habrías tenido el accidente*

**If** you **had stayed** at home, what **would** you **have done**?
*Si te hubieras quedado en casa, qué habrías hecho?*

### «Would» puede sustituirse por «could» o «might»

If it had snowed we **could** have gone skiing.
*Si hubiera nevado podríamos habernos ido a esquiar.*

## «DURING», «FOR» Y «WHILE»

«**During**» y «**for**» son preposiciones que equivalen a «*durante*», pero:

«**During**» se usa con una actividad o al referirnos a una actividad que tiene lugar dentro de un período de tiempo.

We were speaking about politics **during** the meal.
*Estuvimos hablando de política durante la comida.*

I'll read some books **during** the summer.
*Leeré algunos libros durante el verano.*

247

«**For**» se refiere a la duración de una actividad. Va seguido de un período de tiempo.

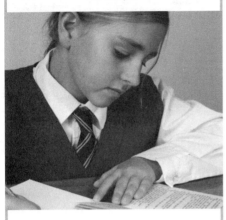

She was studing **for** six hours.
*Ella estuvo estudiando
durante seis horas.*

I have been working **for** some months.
*He esta trabajando
durante algunos meses.*

«**While**» es una conjunción y equivale a «*mientras*». Se coloca delante de una frase, es decir, de un sujeto y un verbo.

I was watching TV **while**
you were sleeping.
*Yo estaba viendo la televisión
mientras tú estabas durmiendo.*

| | |
|---|---|
| tree | *árbol* |
| bush | *arbusto* |
| branch | *rama* |
| trunk | *tronco* |
| leaf | *hoja* |
| root | *raíz* |
| stable | *establo* |

**to raise pigs, cows...**
*criar cerdos, vacas...*

| | |
|---|---|
| crop | *cultivo* |
| harvest | *cosecha* |
| tractor | *tractor* |
| field | *campo* |
| land | *tierra* |
| mud | *lodo, barro* |
| stone | *piedra* |
| rock | *roca* |
| stream | *arroyo* |
| scarecrow | *espantapájaros* |
| well | *pozo* |

**farmer**
*agricultor/a, granjero/a*

**to grow** *cultivar*

I was **raising pigs** for five years.
*Estuve criando cerdos durante cinco años*

If they had repaired the **stable**, we coul
have had more animals.
*Si ellos hubieran reparado el establo,
podríamos haber tenido más animales.*

# Ejercicios

**1.-** Completar los espacios con los verbos conjugados usando el 3er tipo de oraciones condicionales.

**a)** If they _____ (arrive) later, we _____ (can't) to go to the movies.

**b)** What _____ you _____ (do) if you _____ (win) the lottery?

**c)** If I _____ (live) in the country, I _____ (be) a farmer.

**d)** We _____ (get) a good harvest if it _____ (not rain) so much.

**2.-** ¿»For», «during» o «while»?

**e)** I never go out _____ the week.

**f)** She was eating popcorn _____ the movie.

**g)** He was talking about his work _____ an hour.

**h)** They were listening to the news _____ I was reading the newspaper.

**3.-** Ordenar las palabras para formar frases.

**i)** hadn't wouldn't a he if been farmer he raised rabbits have.

_____

**j)** they grown if hadn't a would have rice they had tractor?

_____

*Soluciones:*

**1.- a)** had arrived.....wouldn't have been able; **b)** would.....have done....."had won; **c)** had lived......would have been; **d)** would have gotten....."hadn't rained. **2.- e)** during; **f)** during; **c)** for; **d)** while. **3.- i)** If he hadn't been a farmer, he wouldn't have raised rabbits; **j)** Would they have grown rice if they hadn't had a tractor?

# unidad 94

**contenido**

1 EL INFINITIVO DE INTENCIÓN
2 ADJETIVOS SEGUIDOS DE INFINITIVOS
3 OTROS USOS DE LOS INFINITIVOS
4 EN EL RESTAURANTE - *At the restaurant*
5 EJERCICIOS

## EL INFINITIVO DE INTENCIÓN

Los infinitivos con «<u>to</u>» se usan para expresar intenciones o propósitos, contestando a las hipotéticas preguntas *«¿por qué?»* y *«¿para qué?»*.

I'm learning English **to** get a good job.
*Estoy aprendiendo inglés para conseguir un buen trabajo.*

They are going downtown
**to** visit some friends.
*Ellos van al centro a visitar a unos amigos.*

*Recuerda*

En español, la idea de propósito la expresan «a» o «para», pero en inglés no se utiliza «for».

I went to the butcher's ✗
**to** buy some meat.
*Fui a la carnicería
para comprar carne.*

249

## ADJETIVOS SEGUIDOS DE INFINITIVOS

Hay una gran cantidad de adjetivos tras los cuales se usan infinitivos:

I'm **pleased** <u>to meet</u> you
*Estoy encantado de conocerte*

They are **sorry** <u>to hear</u> that
*Ellos lamentan oír eso*

Are you **happy** <u>to see</u> me?
*¿Estás contenta de verme?*

It's **important** <u>to speak</u> other languages
*Es importante hablar otros idiomas*

## OTROS USOS DE LOS INFINITIVOS

**a)** Los infinitivos se usan detrás de pronombres interrogativos.

Can you tell me **how to get** to the town hall?
*¿Puede decirme cómo llegar al ayuntamiento?*

I didn't know **what to do**
*No supe qué hacer*

She wanted to know **where to stay**
*Ella quería saber dónde quedarse*

**b)** Y tras los compuestos «somebody», «anything», «nothing», etc.

There was **nothing to eat**
*No había nada para comer*

I need **somebody to help** me
*Necesito a alguien que me ayude.*

**chef** / *chef*

**cook** / *cocinero*

**waiter/waitress**
*camarero/a*

**to serve** / *servir*

**meal, food** / *comida*

**drink** / *bebida*

**menu** / *menú*

**hors d'oeuvres** / *entremeses*

**starter** / *entrante*

**first course** / *primer plato*

**main course** / *plato principal*

**desserts** / *postres*

**three-course meal**
*menú de tres platos*

**specialty** / *especialidad*

**wine list** / *carta de vinos*

**complaint book**
*libro de reclamaciones*

**check** / *cuenta, factura*

**tip** / *propina*

**to book a table**
*reservar una mesa*

**a table for two**
*una mesa para dos*

**to order** / *pedir*

**to recommend** / *recomendar*

**Enjoy your meal!** / *¡Buen provecho!*

---

Al pedir carne nos preguntarán
si la queremos:

**rare**   *poco hecha/cruda*
**medium**   *hecha/ al punto*
**well done**   *muy hecha/ bien hecha*

**I have booked a table for three.**
*He reservado una mesa para tres personas.*

What would you like **to drink**?
*¿Qué desea beber?*

What do you **recommend**?
*¿Qué recomienda?*

I would like a steak, **well-done,** please.
*Quiero un filete bien hecho, por favor.*

# Ejercicios

**1.-** Completar los espacios con los verbos:
find, help, book, make, buy, see, say.

**a)** It's easy _____ mistakes.

**b)** It was lovely _____ her yesterday.

**c)** It's hard _____ a good job.

**d)** She borrowed some money _____
some food.

**e)** I phoned the restaurant _____ a table.

**f)** They didn't know how _____ me.

**g)** I have nothing _____ about it.

**2.-** ¿Cómo se dice que has reservado
una mesa para tres personas?

_____

**3.-** ¿Cómo se pregunta qué recomienda el
camarero?

_____

**4.-** ¿Cómo se desea buen provecho?

_____

## LA VOZ PASIVA (I)

La voz pasiva se utiliza cuando estamos interesados en destacar aquello que recibe la acción del verbo, en lugar de quien lleva a cabo dicha acción. Para ello, el objeto de la oración activa se convierte en sujeto de la oración pasiva.

Activa: *Ella escribió ese libro*
She <u>wrote</u> **that book**

Pasiva: **That book** <u>was written</u> by her
*Ese libro fue escrito por ella*

El sujeto de la voz activa pasa a ser complemento agente en pasiva (introducido por «**by**»), pero sólo se usa si es necesario.

El verbo en la oración pasiva está compuesto <u>siempre</u> por el **verbo «to be»** (en el tiempo en que se quiera expresar la acción) **y el participio del verbo principal**. Así:

- En presente simple:
**am/are/is + participio**

These cars **are made** in Japan
*Estos autos son fabricados en Japón*

- En presente continuo:
**am/are/is being + participio**

These cars **are being made** in Japan.
*Estos autos están siendo fabricados en Japón.*

- En pasado simple:
**was/were + participio**

These cars **were made** in Japan
*Estos autos eran/fueron fabricados en Japón.*

- En pasado continuo:
**was/were being + participio**

These cars **were being made** in Japan
*Estos autos estaban siendo fabricados en Japón.*

- En pretérito perfecto:
**have/has been + participio**

These cars **have been made** in Japan
*Estos autos han sido fabricados en Japón*

- En pretérito pluscuamperfecto:
**had been + participio**

These cars **had been made** in Japan
*Estos autos habían sido fabricados en Japón*

- En futuro: **will be + participio**

These cars **will be made** in Japan
*Estos autos serán
fabricados en Japón.*

- En condicional:
**would be + participio**

These cars **would be made** in Japan
*Estos autos serían
fabricados en Japón*

- Con verbos modales:
**modal + be + participio**

These cars **can be made** in Japan
*Estos autos pueden
fabricarse en Japón*

These cars **should be made** in Japan
*Estos autos deberían
fabricarse en Japón*

| | |
|---|---|
| **single** | *soltero/a* |
| **married** | *casado/a* |
| **separated** | *separado/a* |
| **divorced** | *divorciado/a* |
| **widowed** | *viudo/a (adj.)* |
| **widower** | *viudo (nombre)* |
| **widow** | *viuda (nombre)* |
| **to get married** | *casarse* |
| **to get separated** | *separarse* |
| **to get divorced** | *divorciarse* |

He was **widowed** when he was 40
*Se quedó viudo cuando tenía 40 años*

I **got married** in 1992 but I
**got divorced** ten years later
*Me casé en 1992 pero me
divorcié diez años después*

Are you **married** or **single**?
*¿Estás casado o soltero?*

# Ejercicios

**1.-** Transformar a voz pasiva.

**a)** We have baked the bread.

_____

**b)** They will repair that car.

**c)** She had done all the exercises.

_____

**d)** Goya painted «La maja desnuda».

**e)** They are building a new stadium.

**f)** Somebody stole my watch .

_____

**g)** They grow rice in China.

**h)** He will boil some eggs.

_____

**2.-** Ordenar las palabras para formar frases.

**i)** single I've I'm been because married never.

_____

**j)** your separated are parents ?

_____

Soluciones:
**1.- a)** The bread has been baked (by us);
**b)** That car will be repaired (by them); **c)** All the exercises had been done (by her); **d)** «La maja desnuda» was painted by Goya; **e)** A new stadium is being built (by them); **f)** My watch was stolen; **g)** Rice is grown in China; **h)** Some eggs will be boiled (by him). **2.- i)** I'm single because I've never been married; **j)** Are your parents separated?

## LA VOZ PASIVA (II)

Las oraciones pasivas pueden ser afirmativas, negativas e interrogativas, y hay que considerar que son más frecuentes en inglés que en español. Por ejemplo, en inglés se suelen expresar con voz pasiva las oraciones que en español usan el «_se_» impersonal.

This house **was sold** last year
_Esta casa **se vendió** el año pasado_

Coffee **is grown** in Colombia
_En Colombia **se cultiva** café_

### Más ejemplos de oraciones pasivas serían:

English **is spoken** everywhere
_El inglés se habla en todas partes_

**Is** this room **being painted**?
_¿Se está pintando esta habitación?_

When **was** that bridge **built**?
_¿Cuándo se construyó ese puente?_

They **haven't been invited** to the party
*Ellos no han sido invitados a la fiesta*

My car **hadn't been repaired**
and we couldn't set off
*Mi auto no había sido
arreglado y no pudimos partir*

Los verbos ditransitivos tienen dos objetos
(normalmente una persona y una cosa).
En voz pasiva, la persona suele pasar a ser el
sujeto. Esto no se puede hacer en español.

**Activa:**
They gave **me** a gift for my birthday
*Ellos me dieron un regalo
por mi cumpleaños*

**Pasiva:**
**I** was given a gift for my birthday
*Me dieron un regalo por mi cumpleaños*

**Activa:**
I will send **her** that email
*Le enviaré ese correo electrónico*

**Pasiva:**
**She** will be sent that email
*A ella se le enviará ese correo electrónico*

Como se aprecia en los ejemplos, en
muchos casos no se ha de usar el
complemento agente que introduce «**by**»,
bien por ser irrelevante o desconocido.

My car was stolen / *Me robaron el auto*

Pero si se quiere remarcar
quién lleva a cabo la acción:

This movie has been
directed **by Almodóvar**.
*Esta película ha sido
dirigida por Almodóvar.*

## VOCABULARIO:
### EL MEDIO AMBIENTE
*The environment*

| | |
|---|---|
| **pollution** | *contaminación* |
| **polluted** | *contaminado* |
| **to pollute** | *contaminar* |
| **chemicals** | *sustancias químicas* |
| **climate change** | *cambio climático* |
| **greenhouse effect** | *efecto invernadero* |
| **deforestation** | *deforestación* |
| **ecological** | *ecológico* |
| **ecologist** | *ecologista* |
| **warming** | *calentamiento* |
| **radiation** | *radiación* |
| **ozone layer** | *capa de ozono* |
| **radioactivity** | *radioactividad* |
| **to recycle** | *reciclar* |
| **solar energy** | *energía solar* |
| **toxic waste** | *residuos tóxicos* |

Many **chemicals** were found in the river
*En el río se encontraron
muchas sustancias químicas*

The **global warming** is caused by the
**greenhouse effect** and other reasons
*El calentamiento global está provocado
por el efecto invernadero y otras causas*

# Ejercicios

**1.-** Transformar en voz pasiva.

**a)** Somebody has attacked him.

**b)** They have left toxic waste in the factory.

**c)** When did she make a paella?

**d)** He isn't writing a text message

**e)** I help my brother when he needs it.

**f)** When did he compose that symphony? .

**g)** My mother hadn't watered the plants.

**h)** They won't steal that car.

**2.-** Ordenar las palabras para formar frases.

**i)** was by teacher the structure explained the.

**j)** by pollution is many caused agents.

256

---

1 CLÁUSULAS DE RELATIVO (I)
2 EL HOSPITAL – *The hospital*
3 EJERCICIOS

## CLÁUSULAS DE RELATIVO (I)

Estas cláusulas se usan para decirnos de qué persona o cosa estamos hablando. Hacen posible dar más información sobre aquello a lo que nos referimos, así como evitan repetir un elemento que ya se ha citado.

The book **that I have just read** is very interesting
*El libro que acabo de leer es muy interesante*

I saw a man **who was reading the newspaper**.
*Vi a un hombre que estaba leyendo el periódico.*

Para unir las cláusulas hacemos uso de los **pronombres relativos**. En español el pronombre relativo más usado es «*que*», que equivale en inglés a «**who**» (para referirnos a personas), «**which**» (para cosas) y «**that**» (para personas y cosas; de hecho, «**that**» es más frecuente que «**which**» al referirnos a cosas).

**1.-** Especificativas: si toda la información es necesaria para la comprensión de la frase.

**2.-** Explicativas: si se añade información «extra». Esta información siempre aparecerá entre comas.

## 1.- Cláusulas especificativas

En ellas, el pronombre relativo (who, that o which) puede preceder a un sujeto o a un verbo (en este caso, el pronombre funciona de sujeto).Si van delante de un sujeto se pueden suprimir (de hecho se suele hacer), pero, si van delante de un verbo, siempre han de aparecer.

The man (**who/that**) I saw
yesterday is your father
*El hombre que vi ayer es tu padre*

The man **who/that** sells meat is a butcher
*El hombre que vende carne es un carnicero*

This is the picture (**that, which**)
she bought last week
*Éste es el cuadro que ella
compró la semana pasada*

This is the picture **that/which**
was sold for a fortune
*Éste es el cuadro que se
vendió por una fortuna*

Have you seen the things
(**that/which**) I put on the table?
*¿Has visto las cosas que puse en la mesa?*

Has he eaten the cake
**which** was in the fridge?
*¿Se ha comido el pastel que
estaba en la nevera?*

| | |
|---|---|
| **ambulance** | *ambulancia* |
| **anaesthesia** | *anestesia* |
| **blood pressure** | *presión sanguínea* |
| **blood test** | *prueba de sangre* |
| **check-up** | *chequeo* |
| **first-aid** | *primeros auxilios* |
| **gauze** | *gasa* |
| **injection** | *inyección* |
| **mask** | *mascarilla* |
| **operation** | *operación* |
| **oxygen** | *oxígeno* |
| **plaster** | *escayola* |
| **stitches** | *puntos de sutura* |
| **stretcher** | *camilla* |
| **therapy** | *terapia* |
| **treatment** | *tratamiento* |
| **wheelchair** | *silla de ruedas* |

That is the **anaesthesia**
they use in **operations**
*Ésa es la anestesia que
usan en las operaciones*

Can you give me the **mask**
that is on the **stretcher**?
*¿Puedes darme la mascarilla
que está en la camilla?*

# Ejercicios

**1.-** Usar el pronombre relativo correspondiente. Si se puede omitir, omítase.

**a)** The person _____ stole my car has been arrested.

**b)** A bottle opener is a tool _____ opens bottles.

**c)** The book _____ I took from the library is a dictionary.

**d)** This is the best wine _____ he has ever bought.

**e)** Have you found the key _____ you lost?

**f)** The movie _____ I watched was boring.

**g)** That is the man _____ you met last year.

**h)** Have you seen the lady _____ is crying?

**2.-** ¿Cómo se dice en inglés…..?

**i)** silla de ruedas _____

**j)** puntos de sutura _____

## CLÁUSULAS DE RELATIVO (II)

Además de los pronombres relativos ya vistos en la unidad 97, también encontramos:

**Where** (*donde*), para referirse a lugares.

This is the house **where** I live
*Ésta es la casa donde vivo*

**When** (*cuando*), para referirse a momentos.

That is the day **when** she was born
*Ése es el día cuando nació.*

**What** (*lo que*), para referirse a «*aquello que*».

I don't understand **what** they say.
*No comprendo lo que dicen.*

**Why** (*por lo que*), para referirse a motivos.

This is the reason **why** I am here
*Ésa es la razón por la que estoy aquí.*

stos pronombres no se omiten ante un sujeto
aunque hay casos en lo que lo hace «where»)

## 2.- Cláusulas explicativas
(viene de la unidad anterior)

En ellas se da información extra, que no es
necesaria para la comprensión de la frase, y
que siempre aparece entre comas. En estos
casos <u>nunca</u> aparece el relativo «that», sino
que para cosas se usa «which», y dichos
pronombres («who» y «which») no pueden
omitirse nunca.

Michael, **who** I saw yesterday,
was wearing a blue coat.
*Michael, a quien vi ayer,
llevaba un abrigo azul.*

Michael, **who** is my neighbor, had an accident.
*Michael, que es mi vecino,
tuvo un accidente.*

That lamp, **which** I bought in Paris, is very nice.
*Esa lámpara, que compré en
París, es muy bonita.*

That lamp, **which** is made
of plastic, is very practical.
*Esa lámpara, que está hecha
de plástico, es muy práctica.*

«**Which**» también se usa para referirse a
toda la idea previamente expresada.

I passed all my tests, **which**
surprised everybody.
*Aprobé todos mis exámenes, lo que
sorprendió a todo el mundo.*

## VOCABULARIO:
EL UNIVERSO – *The Universe*

| | |
|---|---|
| **alien** | *extraterrestre* |
| **atmosphere** | *atmósfera* |
| **globe** | *globo* |
| **gravity** | *gravedad* |
| **meteorite** | *meteorito* |
| **outer space** | *espacio exterior* |
| **planet** | *planeta* |
| **space** | *espacio* |
| **star** | *estrella* |
| **telescope** | *telescopio* |
| **the Earth** | *La Tierra* |
| **moon** | *luna* |
| **satellite** | *satélite* |
| **UFO** | *ovni* |
| **north** | *norte* |
| **south** | *sur* |
| **east** | *este* |
| **west** | *oeste* |

A **meteorite**, which is a rock from the
**outer space**, was found in Nebraska.
*Un meteorito, que es una roca del espacio
exterior, fue encontrado en Nebraska*

**The Earth** is the **planet** where we live
*La Tierra es el planeta donde vivimos*

# Ejercicios

**1.-** Completar con el pronombre relativo correspondiente.

**a)** That is not _____ I said.

**b)** I won the match, _____ made me very happy.

**c)** This is the hospital_____ she was born.

**d)** Peter, _____ is the manager, is now on vacation.

**e)** He is the man_____ wife is Jessica.

**f)** Do you know _____ I am here today?

**g)** I don't remember _____ I met you. Was it last year?

**h)** Miami, _____ is in the south of Florida, is a beautiful city.

**2.-** ¿Cuáles son los cuatro puntos cardinales en inglés?

_____

**3.-** ¿Cómo se dice en inglés «ovni»?

_____

## LOS VERBOS «TO SAY» Y «TO TELL»

Ambos tienen un significado parecido (*decir*) pero «to say» se utiliza cuando no aparece e oyente y «to tell» cuando éste sí se menciona. [Hay casos en los que «to say» se puede usar con el oyente, pero se precisa «to» (She said to me / *Ella me dijo*)].

She **said** (that) she would do it
*Ella dijo que lo haría*

She **told** me (that) she would do it
*Ella me dijo que lo haría*

## EL ESTILO INDIRECTO

Es aquel que se usa cuando se reproducen la palabras que alguien dijo en algún momento. Para ello se utilizan los verbos «say» (*decir*), «tell» (*decir*), «ask» (*pedir, preguntar*) y algunos otros.

Estilo directo:
**Susan: I'm cold**
*Susan: Tengo frío*

Estilo indirecto:
**Susan said (that) she was cold**
*Susan dijo que tenía frío*

| Al reproducir unas palabras se producen algunos cambios: los sujetos, adverbios de tiempo, posesivos, pronombres, etc., así como los tiempos verbales, que han de usarse en un tiempo anterior al expresado. Así: | Lo que se dijo en: | pasa a decirse en: |
|---|---|---|
| | presente simple | pasado simple |
| | presente continuo | pasado continuo |
| | pasado simple | pretérito pluscuamperfecto |
| | pasado continuo | pret. pluscuamperfecto continuo |
| | pretérito perfecto | pretérito pluscuamperfecto |
| | pret. perfecto continuo | pret. pluscuamperfecto continuo |
| | pretérito pluscuamperfecto | pret. pluscuamperfecto |
| | futuro (will + inf.) | condicional (would + inf.) |

Kevin: It's raining today
*Kevin: Está lloviendo hoy*

**Kevin said it was raining that day**
*Kevin dijo que estaba lloviendo ese día.*

Maggie: I made a cake
*Maggie: Hice un pastel*

**Maggie said she had made a cake**
*Maggie dijo que había hecho un pastel*

Peter and Tom: We have done our homework
*Peter y Tom: Hemos hecho nuestros deberes*

**Peter and Tom said they had done their homework**
*Peter y Tom dijeron que habían hecho sus deberes*

| Otros cambios que se producen: | Pasa a ser: | |
|---|---|---|
| today | that day | *ese día* |
| tonight | that night | *esa noche* |
| yesterday | the day before | *el día anterior* |
| tomorrow | the following day | *el día siguiente* |
| last week | the week before | *la semana anterior* |
| next week | the following week | *la semana siguiente* |
| ....ago: | ...........before | *............... antes* |
| now | then | *entonces* |

Mary: I bought a ring in this shop yesterday
*Mary: Compré un anillo en esta tienda ayer*

**Mary told me (that) she had bought a ring in that shop the day before**

*Mary me dijo que había comprado un anillo en esa tienda el día anterior*

## Ejercicios

**1.-** Cambiar a estilo indirecto.

**a)** Tom: My mother has been ill.

_____

**b)** George: They will win the match tomorrow.

_____

**c)** Sarah: I am ready now.

_____

**d)** Susan: My brothers aren't working today.

_____

**e)** William: I can swim but I can't ski.

_____

**f)** Peter: Paul's father bought a computer last month.

_____

**g)** Minerva: I won't study geography next year.

_____

**h)** Roger: My brother straighten up our bedroom two hours ago.

_____

**i)** Louis: I am living in London now.

_____

**j)** Liz: I had painted some pictures.

_____

---

1. PREGUNTAS EN ESTILO INDIRECTO
2. IMPERATIVOS EN ESTILO INDIRECTO
3. EJERCICIOS

### PREGUNTAS EN ESTILO INDIRECTO

Al expresar una pregunta en estilo indirecto ésta deja de ser pregunta, por lo que no habrá que hacer ninguna inversión de orden del sujeto y el auxiliar, ni habrá que usar «do, does, did, etc.», así como tampoco el signo de interrogación.

Las preguntas en estilo directo pueden ser de dos tipos:

**a)** Empezando por un auxiliar:

Bill: Sarah, **are** you on a diet?
Betty: **Did** he sing that song?
Paul: **Have** you studied Italian?

**b)** Empezando por un pronombre interrogativo:

Greg: **What** are you doing?
Frank: **Where** has he gone?
Peter: **How** will we go there?

Para reproducir estas preguntas usamos el verbo «**to ask**» (*preguntar*) y después:

- Si la pregunta se inicia con un auxiliar, en estilo indirecto se usará «**if**» o «**whether**» (*si*).

Bill asked **if** Sarah was on a diet.
*Bill preguntó si Sarah estaba a dieta.*

Betty asked **if** he had sung that song.
*Betty preguntó si él había cantado esa canción.*

Paul asked me **if** I had studied Italian
*Paul me preguntó si había estudiado italiano*

- Si la pregunta empieza con un pronombre interrogativo, éste se repite en estilo indirecto.

Greg asked me **what** I was doing
*Greg me preguntó lo que estaba haciendo*

Frank asked **where** his mother had gone
*Frank preguntó que dónde había ido su madre*

Peter asked **how** they would get there
*Peter preguntó que cómo llegarían allí*

Además del verbo «**ask**», también se pueden usar otros, como «**want to know**» (*querer saber*).

Peter **wanted to know** how they would get there
*Peter quería saber cómo llegarían allí*

## IMPERATIVOS EN ESTILO INDIRECTO

Al transformar imperativos a estilo indirecto, se ha de utilizar la estructura:

**ask / tell + person + to + infinitivo**
*pedir a alguien que haga algo*

En este caso, el verbo «**ask**» equivale a «*pedir*».

James: Go out!
*James: ¡Sal!*
**James asked me to go out**
*James me pidió que saliera*

John: Open the door!
*John: ¡Abre la puerta!*
**John asked me to open the door**
*John me pidió que abriera la puerta*

Cuando el imperativo es negativo, en estilo indirecto se usa «not» delante del infinitivo.

**Barbara: Don't get up late!**
*Bárbara: ¡No os levantéis tarde!*

**Barbara told us not to get up late**
*Bárbara nos dijo que no nos levantáramos tarde*

**Linda: Don't go there by train**
*Linda: No vayas allí en tren*

**Linda asked me not to go there by train**
*Linda me pidió que no fuera allí en tren*

**1.-** Transformar las frases a estilo indirecto. Las preguntas y los imperativos van dirigidos a mí.

**a)** Robert: Can you do me a favor?

_____

**b)** Steve: What time is it?

_____

**c)** Pamela: How are you?

_____

**d)** Leo: Did Paul write any letter?

_____

**e)** Frank: Where will you go?

_____

**f)** The doctor: Don't smoke!

_____

**g)** Brenda: Come in and sit down!

_____

**h)** Mary: Help me, please!

_____

**i)** Henry: Don't open that box!

_____

**j)** Louis: Listen and repeat!

_____

*Soluciones:*

**a)** Robert asked me if I could do him a favor; **b)** Steve asked (me) what time it was; **c)** Pamela asked me how I was; **d)** Leo asked me if Paul had written any letter; **e)** Frank asked me where I would go; **f)** The doctor asked me not to smoke; **g)** Brenda asked me to come in and sit down; **h)** Henry told/asked me not to open that box; **j)** Louis told/asked me to listen and repeat.

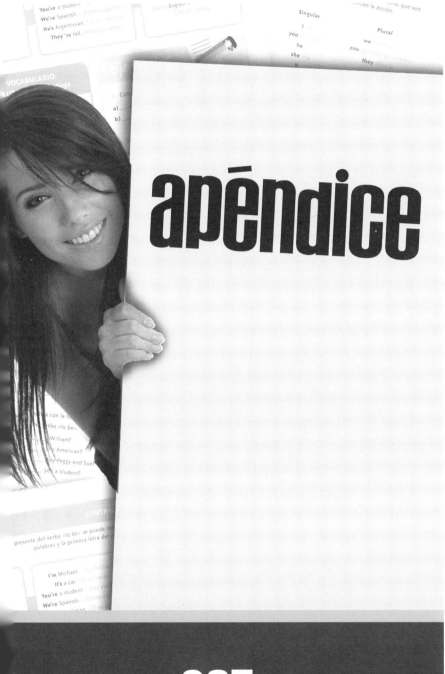

# apéndice

# verbos irregulares

A continuación se muestra una lista de verbos irregulares, con sus
formas de pasado y de participio, así como su equivalentes en español.

| Infinitivo | Pasado | Participio | |
|------------|--------|------------|---|
| to be | was / were | been | *(ser, estar)* |
| to become | became | become | *(hacerse, convertirse)* |
| to begin | began | begun | *(empezar, comenzar)* |
| to bite | bit | bitten | *(morder, picar)* |
| to blow | blew | blown | *(soplar)* |
| to break | broke | broken | *(romper)* |
| to bring | brought | brought | *(traer)* |
| to build | built | built | *(construir)* |
| to burn | burnt | burnt | *(arder, quemar)* |
| to buy | bought | bought | *(comprar)* |
| to catch | caught | caught | *(coger, atrapar)* |
| to choose | chose | chosen | *(elegir, escoger)* |
| to come | came | come | *(venir)* |
| to cost | cost | cost | *(costar)* |
| to cut | cut | cut | *(cortar)* |
| to dig | dug | dug | *(cavar)* |
| to do | did | done | *(hacer)* |
| to draw | drew | drawn | *(dibujar, trazar)* |

| Infinitivo | Pasado | Participio | |
|---|---|---|---|
| to dream | dreamt | dreamt | *(soñar)* |
| to drink | drank | drunk | *(beber)* |
| to drive | drove | driven | *(manejar)* |
| to eat | ate | eaten | *(comer)* |
| to fall | fell | fallen | *(caer)* |
| to feed | fed | fed | *(alimentar, dar de comer)* |
| to feel | felt | felt | *(sentir)* |
| to fight | fought | fought | *(pelear, luchar)* |
| to find | found | found | *(encontrar)* |
| to fly | flew | flown | *(volar)* |
| to forget | forgot | forgotten | *(olvidar)* |
| to get | got | got / gotten | *(conseguir, llegar)* |
| to give | gave | given | *(dar)* |
| to go | went | gone | *(ir)* |
| to grow | grew | grown | *(crecer, cultivar)* |
| to have | had | had | *(tener, haber, tomar)* |
| to hear | heard | heard | *(oír)* |
| to hide | hid | hidden | *(esconder, ocultar)* |
| to hurt | hurt | hurt | *(doler, hacer daño)* |

| Infinitivo | Pasado | Participio | |
|---|---|---|---|
| to keep | kept | kept | *(guardar)* |
| to know | knew | known | *(conocer)* |
| to leave | left | left | *(dejar, abandonar, marcharse)* |
| to lend | lent | lent | *(prestar)* |
| to let | let | let | *(permitir)* |
| to lose | lost | lost | *(perder)* |
| to make | made | made | *(hacer, fabricar)* |
| to mean | meant | meant | *(significar, querer decir)* |
| to meet | met | met | *(conocer, reunirse)* |
| to pay | paid | paid | *(pagar)* |
| to put | put | put | *(poner)* |
| to read | read | read | *(leer)* |
| to ride | rode | ridden | *(montar) [a caballo, en bicicleta]* |
| to ring | rang | rung | *(sonar)* |
| to run | ran | run | *(correr)* |
| to say | said | said | *(decir)* |
| to see | saw | seen | *(ver)* |
| to sell | sold | sold | *(vender)* |
| to send | sent | sent | *(enviar)* |

| Infinitivo | Pasado | Participio | |
|---|---|---|---|
| to shake | shook | shaken | *(agitar, sacudir)* |
| to shoot | shot | shot | *(disparar)* |
| to show | showed | shown | *(mostrar, enseñar)* |
| to sing | sang | sung | *(cantar)* |
| to sit | sat | sat | *(sentarse)* |
| to sleep | slept | slept | *(dormir)* |
| to smell | smelt | smelt | *(oler)* |
| to speak | spoke | spoken | *(hablar)* |
| to spend | spent | spent | *(gastar [dinero], pasar [tiempo])* |
| to steal | stole | stolen | *(robar)* |
| to swim | swam | swum | *(nadar)* |
| to take | took | taken | *(llevar, tomar, coger)* |
| to teach | taught | taught | *(enseñar)* |
| to tell | told | told | *(decir)* |
| to think | thought | thought | *(pensar)* |
| to throw | threw | thrown | *(tirar, arrojar)* |
| to understand | understood | understood | *(comprender)* |
| to wear | wore | worn | *(llevar puesto)* |
| to win | won | won | *(ganar)* |
| to write | wrote | written | *(escribir)* |

Fotos interior:
- Agata Wolszczak | Dreamstime.com
- Ahmet Ihsan Ariturk | Dreamstime.com
- Aida Ricciardiello | Dreamstime.com
- Andres Rodriguez | Dreamstime.com
- Andrey Burmakin | Dreamstime.com
- Anna Jurkovska | Dreamstime.com
- Arenacreative | Dreamstime.com
- Ariwasabi | Dreamstime.com
- Brankatekic | Dreamstime.com
- Brenda Carson | Dreamstime.com
- Candybox Photography | Dreamstime.com
- Chris Noble | Dreamstime.com
- Dana Bartekoske Heinemann | Dreamstime.com
- Dean Mitchell | Dreamstime.com
- Denis Raev | Dreamstime.com
- Dianamower | Dreamstime.com
- Dmitriy Shironosov | Dreamstime.com
- Dmitry Ersler | Dreamstime.com
- Dtguy | Dreamstime.com
- Eastwest Imaging | Dreamstime.com
- Elena Elisseeva | Dreamstime.com
- Elfphoto | Dreamstime.com
- Eli Mordechai | Dreamstime.com
- Epicstock | Dreamstime.com
- Erik Reis | Dreamstime.com
- Francesco Ridolfi | Dreamstime.com
- Franz Pfluegl | Dreamstime.com
- Frenk And Danielle Kaufmann | Dreamstime.com
- Greenstockcreative | Dreamstime.com
- Hunor83 | Dreamstime.com
- Irina Shoyhet | Dreamstime.com
- James Camp | Dreamstime.com
- Jason Stitt | Dreamstime.com
- Jonathan Ross | Dreamstime.com
- Kitchner Bain | Dreamstime.com
- Kornilovdream | Dreamstime.com
- Larisa Lofitskaya | Dreamstime.com
- Leo Bruce Hempell | Dreamstime.com
- Lisa F. Young | Dreamstime.com
- Lorraine Kourafas | Dreamstime.com
- Madja | Dreamstime.com
- Mangostock | Dreamstime.com
- Maria Dryfhout | Dreamstime.com
- Mark Martin | Dreamstime.com
- Max Blain | Dreamstime.com
- Mitchell Barutha | Dreamstime.com
- Mm72 | Dreamstime.com
- Monkey Business Images | Dreamstime.com
- Moreno Soppelsa | Dreamstime.com
- Nicholas Sutcliffe | Dreamstime.com
- Nikolay Okhitin | Dreamstime.com
- Nimizida | Dreamstime.com
- Olesya Dorozhenko | Dreamstime.com
- Orangeline | Dreamstime.com
- Paulpaladin | Dreamstime.com
- Pavel Losevsky | Dreamstime.com
- Petesaloutos | Dreamstime.com
- Photographerlondon | Dreamstime.com
- Piotr Antonów | Dreamstime.com
- Pro777 | Dreamstime.com
- Redbaron | Dreamstime.com
- Refat Mamutov | Dreamstime.com
- Ron Chapple Studios | Dreamstime.com
- Roxana González | Dreamstime.com
- Scott Griessel | Dreamstime.com
- Sebastian Czapnik | Dreamstime.com
- Shariff Che' Lah | Dreamstime.com
- Skopal | Dreamstime.com
- Soulgems | Dreamstime.com
- Ssuaphoto | Dreamstime.com
- Stanislav Perov | Dreamstime.com
- Stefano Lunardi | Dreamstime.com
- Stephen Coburn | Dreamstime.com
- Suprijono Suharjoto | Dreamstime.com
- Tan4ikk | Dreamstime.com
- Tatyana Gladskikh | Dreamstime.com
- Tyler Olson | Dreamstime.com
- Ukrphoto | Dreamstime.com
- Valua Vitaly | Dreamstime.com
- Vanessa Van Rensburg | Dreamstime.com
- Viorel Railean | Dreamstime.com
- Vladikpod | Dreamstime.com
- Wavebreakmedia Ltd | Dreamstime.com
- Yana Revina | Dreamstime.com
- Yuri Arcurs | Dreamstime.com
- Yurok Aleksandrovich | Dreamstime.com